打法

商业变局中的方法论

李翔 著

天地出版社 | TIANDI PRESS

图书在版编目（CIP）数据

打法 / 李翔著. —成都：天地出版社，2018.10
ISBN 978-7-5455-3582-2

Ⅰ.①打… Ⅱ.①李… Ⅲ.①商业经营—经验—中国 Ⅳ.①F715

中国版本图书馆CIP数据核字（2018）第030060号

打法
DA FA

出 品 人	杨　政
著　　者	李　翔
责任编辑	张秋红　孟令爽
封面设计	今亮后声
内文排版	胡凤翼
责任印制	葛红梅
出版发行	天地出版社 （成都市槐树街2号　邮政编码：610014）
网　　址	http://www.tiandiph.com http://www.天地出版社.com
电子邮箱	tiandicbs@vip.163.com
经　　销	新华文轩出版传媒股份有限公司
印　　刷	北京诚信伟业印刷有限公司
版　　次	2018年10月第1版
印　　次	2018年10月第1次印刷
成品尺寸	165mm×240mm　1/16
印　　张	14.25
字　　数	191千
定　　价	49.00元
书　　号	ISBN 978-7-5455-3582-2

版权所有◆违者必究

咨询电话：（028）87734639（总编室）
购书热线：（010）67693207（市场部）

本版图书凡印刷、装订错误，可及时向我社发行部调换

CONTENTS 目录

第1单元　你天生是个企业家

阿里巴巴：寻找新商业文明的马云 / 3

京东：刘强东能否克服速度的焦虑 / 17

饿了么：枭雄张旭豪如何成长为大只独角兽 / 33

单元思考 / 58

第2单元　创意如何产生

滴滴：速度之子程维 / 63

正和岛：连接者刘东华 / 83

张勇八年：从淘宝CFO到阿里巴巴集团CEO / 97

单元思考 / 124

第3单元　转型：如何深度迎接变局

光伏：冬天里的施正荣 / 129

绿城：风暴中的宋卫平 / 139

奇虎360：反抗者周鸿祎 / 157

单元思考 / 178

第4单元　人性的，更人性的

创新工场：疾病更新李开复 / 183

宋柯的音乐世界：丑陋与美好 / 207

单元思考 / 222

第 1 单元

你天生是个企业家

阿里巴巴：寻找新商业文明的马云

李翔按

最不需要介绍的一个人。

名满天下，谤亦随之。关于马云的各种语录、新闻、段子已经太多，赞美他的人、批评他的人也已经太多。这可能就是"欲戴王冠，必承其重"的商业版本。

> 交人交心，浇树浇根。
>
> ——高清愿（统一集团总裁）

一

我开始明确地意识到阿里巴巴已经是一家大公司，是在2013年的"双十一"。

那时我已经不再专注于商业报道，但阿里巴巴的工作人员仍然邀请我参加这个一年一度的网络购物狂欢节。他们说，他们并不是想要我就此事件写一篇报道或者在微博微信上为这家公司美言几句，他们只是希望我还能够继续了解这家公司。在很多人看来，我一直是阿里巴巴和公司的克里斯玛型领导者马云的忠实拥趸，虽然我已经很久没有再写过有关这家公司的报道。

"双十一"有着让人惊讶的交易数额——以至于之后每年，不管阿里巴巴集团宣布"双十一"当日交易额有多高，我都不会觉得太惊讶。全场的高潮是在马云出现在报告厅时，当时有上百名记者聚集在这个报告厅里，他们面前的大屏幕上实时播放着"双十一"的交易与物流状况。马云毫无预兆地出现了。在之前的"双十一"活动中，马云和公司的高管的确会出现在现场，发表介绍"双十一"的谈话，并且回答一些记者的问题。但在6个月前，马云刚刚宣布"退休"，将CEO职务交给了同他一起工作多年的陆兆禧，并且声称"在此之前工作就是我的生活，在此之后，生活就是我的工作"。而且，马云的同事还曾表示此后他也不会再出来接受媒体的访问。因此,没有人能肯定马云会再次出现在聚满媒体记者的"双十一"活动现场。

但马云还是来了。他穿着一身宽松的练功服,脚上蹬着一双布鞋,就好像刚刚练习完他钟爱的太极拳。他从报告厅的前门进入,但还没来得及走到讲台的中央,一群发现了马云身影的记者就已经拥了上去,举起手中的相机和手机对准他。坐在后排的记者还没有意识到发生了什么事情,马云就已经转过身匆忙离开了报告厅,逃离向他涌来的人群。

巨大的失望弥散在这个拥挤的房间里,人们都怀疑马云是否就会这样被人群吓走。但随后阿里巴巴的工作人员就开始准备他的再次出现:他们在报告厅的观众席与演讲台之间拉起了隔离带,一排工作人员站在隔离带前,以确保不会有人再冲过来。做完所有这些准备之后,马云再次走了进来。他毫无悬念地掀起了高潮,并且贡献了在网络传播时夺人眼球的句子。其中令人印象最为深刻的,包括他评价自己在央视"年度经济人物"颁奖现场和王健林的打赌时说的,如果王健林赢了,那"我们这个时代就输了"。他还说,他希望能够通过电子商务来拉低商业地产的价格,从而使整体房价得以降低。

就是在那个时候,我突然开始意识到阿里巴巴真的已经是一家大公司了。此前在淘宝和天猫平台上庞大的销售额,以及身为 BAT 三巨头之一,都没有让我感受到这一点。当马云被人群拥堵到转身就走,只能通过拉起隔离带进入会场时,我才感觉到了这家公司的庞大,已经不能再将马云仅仅视为草根创业英雄了——虽然他并不认为自己有多了不起。他成了中国互联网世界的一尊偶像:人们或者赞美他,或者恐惧他,有的甚至想要打倒他,这和历史上众多传奇般崛起的人物一样。史蒂夫·乔布斯希望扮演着一个反权威的角色,最初他的形象是 IBM 的挑战者,是使世界免于垄断恐惧的大卫。但随着苹果公司成为全世界市值最高的公司,大卫也变成了歌利亚,很多公司像当年恐惧 IBM 一样恐惧苹果公司。或者就如爱因斯坦的一句话所说:"我这一生都反对权威,结果上帝对我的惩罚是让我变成了权威。"

几年前,当淘宝还没有被拆分成几家更小的子公司时,我曾经参加过淘宝举办的活动。直到现在,有一幕场景仍然印在我脑海中:一个表情欢快、身材微胖的年轻女孩,衣着打扮就像古装戏中的群众演员,在经过我身边时问我，请问你知道×××在哪里吗？她的目的是要搜集到足够多的贴纸。在那个活动上，淘宝的员工们纷纷打扮成古装电影中的形象，外表和他们的花名相符。那时正处于淘宝著名的"武侠文化"的高峰期。马云似乎是按照金庸的武侠小说来装扮自己的公司——金庸可能会为此而自豪，因为全世界应该没有另一家这样的公司，其规模如此庞大，但它的文化和行事风格竟然来源于一个作家的作品。所有参与者都兴高采烈，简直是对"游戏精神"的最好阐释。那时候兴高采烈的淘宝让人怀念，它很酷，浑身上下洋溢着游戏精神，它看似玩闹着把事情做了起来。

但是当然，阿里巴巴在当时也面临着困扰。马云用免费的方式在中国击败了互联网巨头eBay——他提出对在淘宝上开店的店家免收任何费用，而当时要想在eBay上开店，需要向这个C2C平台服务商缴纳一定费用。在《连线》杂志前主编克里斯·安德森提出互联网经济的免费模式之前，马云就已经这么做了，这是他的天才之处。后来免费的模式又被应用到了网络游戏和杀毒软件行业，史玉柱的《征途》和周鸿祎的360杀毒软件都是这么做的，的确所向披靡。淘宝成为中国最大的C2C交易平台，占据着80%左右的市场份额，其地位一直延续到今天。但是问题随之而来，人们会问：是的，所有人都很开心，可是，这家公司靠什么赚钱呢？有马云参加的发布会，最常问的问题之一，就是问淘宝的商业模式。无论是马云，还是先后做过淘宝总裁的孙彤宇和陆兆禧，都对这个问题避而不答，他们总是说淘宝不会去考虑盈利的问题。一家杂志做过一篇针对淘宝商业模式质疑的封面文章，标题就是"淘宝苦苦赚钱"。

以今天的后见之明来看当时媒体和分析师对马云与淘宝的质疑或者说忧虑，会显得非常讽刺。因为按照阿里巴巴集团在2014年5月7日向美国证监会提交的招股说明书中的财务数据，主要利润来自淘宝系的阿里巴巴已经超过腾讯和百度成为中国最赚钱的互联网公司，并且拥有着超过50%的利润率。最新的质疑是这家公司实在太赚钱了，它如此赚钱，会不会是挤压平台上商家利润的结果？如果我们以更长的时间段来重新看待很多观点，都会发现其中充满了讽刺意味。

二

马云踏上的是一条"光荣的荆棘路"——在以童话写作著称的安徒生的一篇文章里,他写道:"光荣的荆棘路看起来像环绕着地球的一条灿烂的光带。只有幸运的人才被送到这条光带上行走,才被指定为建筑那座连接上帝与人间的桥梁的没有薪水的总工程师。"踏上这条路的人,会"得到无上的光荣和尊严,但是他却得长时期面临极大的困难和失去生命的危险"。

这些引文可能有些夸张,马云所遭遇的事情,不过是一群人围在公司楼下举着标语抗议,有人在香港街头为包括他在内的公司高管竖灵牌,一群人谩骂威胁他和他的家人,以及我们并不知道他也没有办法表达的其他境遇,比如同银行之间的麻烦……

他的经历在互联网上随处可见。1994年,马云在美国见识了互联网。早年写马云的文章,多谈及其经历的戏剧性,虽然其真实性并不可知。1995年,马云创办中国黄页,现在在互联网上还可以找到那时的一段视频。马云到北京国家体委推销自己的业务,他可以为国家体委提供"在信息高速公路上的宣传",结果被告知"这个问题很复杂,没有你想象得那么简单……你应该先预约,按办事程序上说,你应该先预约"。1997年,马云赴北京开发外经贸部官方网站。

1999年,不得志的马云重新回到杭州,创办了后来的阿里巴巴。这个故事同样被描述过很多次。2月21日,在杭州湖畔花园马云的家中,18个人聆听了马云关于"要做一件伟大的事情"的演讲。同样是在这一年,蔡崇信加入阿里巴巴——这次加盟也被渲染上了神秘色彩,当时名副其实的"金童子"蔡崇信竟然愿意主动加入阿里巴巴,而且传说中薪水只有500元。蔡崇信带有的这种神秘色彩还因为他直至今日仍然是阿里巴巴最重要的人物之一,并且从来不接受大陆媒体采访。也是在这一年,发生了另一件被神话的事情:马云拿到"互联网皇帝"孙正义的投资,据说"聊了6分钟,孙正义就决定投3000万美元"。马云最后拿到了2000万美元。当然,这笔投资进一步变成神话是因为它的投资回报率,如果阿里巴巴集团市值为2000亿美元,那么软银2000万美元投资如今的价值是668亿美元。

接下来，阿里巴巴经历并挺过了2003年的非典。因为在阿里巴巴的员工中发现了SARS病例，马云决定让所有员工都在家办公。与此同时，他已经在筹备淘宝网。尽管在创立初期并不被人看好，但2004年成立的淘宝最终击败了eBay，成为中国最大的C2C电子商务平台。2005年，阿里巴巴接受了雅虎10亿美元的投资和雅虎中国的资产——尽管这笔投资之后一直被媒体视为困扰阿里巴巴的资本枷锁，马云为此交出了阿里巴巴40%的股份，但在当时，这可是中国互联网有史以来拿到的最大的一笔投资。2007年，马云将集团中盈利的B2B业务拿出在香港上市，市值一度超过200亿美元，是当时的全球第五大互联网公司，排在谷歌、eBay、雅虎、亚马逊之后。

从外界来看，自从1999年在杭州创办阿里巴巴以来，好运就一直在眷顾着这个小个子的杭州人。但其中甘苦，也许只有马云和他的创业伙伴们可以感知得到。

在宣布提交招股书之后的第三个晚上，马云从上海回来，参加完集体婚礼和支付宝年会，他和公司的几个高管在自己家里喝着茅台酒回忆往事。这位刚刚被彭博通讯社宣布可能超过王健林和马化腾成为中国首富的人回忆起他的第一任秘书。那个女孩总是在他的公司门外徘徊，终于有一天她提出要做他的秘书。马云大吃一惊，回答道：我们公司一共才只有五个人啊！但他还是接受了她的请求。

关于这个姑娘，让这位如今已经成为互联网巨头的人念念不忘的一件事，发生在一次与一个煤老板聚会的饭局上。这个风格粗犷的老板说，如果马云能够一口气喝掉九杯白酒，他就会承诺投资马云50万元。文人出身的马云很犹豫：可是我根本不会喝白酒啊！这时候他的秘书拿过酒杯，决定替她的老板挡下喝酒的要求。她最后喝了27杯。在他创立的公司即将在美国公开上市，并可能成为中国市值最高的互联网公司之际，马云想起了这段往事。让他遗憾的是，这位秘书并没有能够一直跟着他创业。因为当他决定到北京同外经贸部合作时，她刚刚结婚一个月。

这是马云无意之间对人讲起的一个故事。我们不难想象在这个公司十几年的历史，或者从他1995年创立中国黄页开始的二十几年历史中，马云应该面临过众多的遗憾和纠结：比如在国家体委办公室被一位公务员阻拦，丝毫没能展现出他今日的雄辩风采；比如在非典期间，他是否会大叹倒霉，因为第四例病症竟然就发生在阿里巴巴员工身上；比如他该如何劝说最初跟随自己创业的太太放弃在公司的事业，回归家庭；比如他又怎样将劳苦功高的孙彤宇从淘宝总裁位置上劝退；再比如他讲到自己出让 40% 股份给雅虎时的心情，即使是在当时他也不是没有意识到这么做可能带来的后果，"2007 年我给雅虎 40% 股权的时候，我就知道，下了这步棋，40% 都被人家控制了，你将来就惨了"。

2014 年年初，马云以一句"纠结和疼痛就是参与感"结束了他谈论阿里巴巴战略的致员工公开信。对他和阿里巴巴集团而言，"纠结和疼痛"从 2011 年开始明显表现出来。2011 年 2 月 21 号，阿里巴巴 B2B 上市公司发布公告称，董事会已经批准 CEO 卫哲和 COO（首席运营官）李旭辉的辞职请求。在马云发布给其员工的公开信中，他说："过去的一个多月，我很痛苦，很纠结，很愤怒……"起因是马云在一次偶然事件中发现了 B2B 中国供应商的部分签约客户有欺诈嫌疑，而阿里巴巴销售团队中的一些员工"默许甚至参与协助"。这次事件在当时看来是阿里巴巴 B2B 业务上市之后最大的事故。马云从百安居请来卫哲出任 B2B 的 CEO，曾是众人津津乐道的用人典范。甚至王石在接受我采访时都提到过，马云任用卫哲对他启发很大，但结果竟然是卫哲出局。

马云的解释是，他作为集团的 CEO 和创始人，需要捍卫这家公司的价值体系。在那次事件之后，他接受《中国企业家》杂志的采访时说："业绩与价值观对立，这事行不通……我是公司文化和使命感的最后一道关。如果你叫我一声'大哥'我就可以不杀你，那以后，会有多少兄弟叫我大哥？我不是大哥。"在公开信中，他动情地声称："这个世界不需要再多一家互联网公司，也不需要再多一家会挣钱的公司；这个世界需要的是一家更加开放、更加透明、更加重视分享和社会责任感，也更为全球化的公司；这个世界需要的是一家来自于社会，服务于社会，对未来社会敢于承担责任的公司……"

他自己说，大概有 30% 的人不相信他的解释。但之后的一连串事情，让他没这么自信了。这一年是阿里的劫难年，随后就发生了支付宝 VIE 事件和淘宝商城新规引发的"围城"事件。支付宝 VIE 事件，谴责者说他没有"契约精神"，甚至更苛刻的评论称，他的这一举动是在以一己之力毁掉中国互联网公司在美国资本市场的信任基石。对于商界围城，马云则被指责为抛弃赖以起家的众多小商家：淘宝系倚仗蚂蚁雄兵的崛起，但在面对做 B2C 的压力时，却忘记了马云自己一直宣扬的对创业者的责任感。除了这些被媒体热议的事件之外，再加上马云没有对外言及的其他事情，他称自己遭受了"七伤拳"。他开始对公众舆论失去信心，在各个场合都发表了一些表示失望的看法。直到最后，他说："我不在乎别人批评我。哼，我们自己要有骨气，我们就是这个样子……别人冤枉你，如果你是对的，时间会给你证明；如果你是错的，时间也证明不了你是对的。"

公众舆论的风向正是从 2011 年开始转变的。在此之前，他的跟随者众多，2008 年出版的一本书的书名概括了这种情绪。这本书名叫《马云教》，封面上赫然写着"在中国，一个新的宗教已然诞生"——这只是在他并不知情的情况下出版的关于他的众多图书之一。在他的激励下，众多中国年轻人走上创业之路，其中有一部分人的创业就是在淘宝网上开店做电子商务，他是中国创业热潮的最初引领者，他的每一个举动都能迎来一片赞美声。虽然也有人认为他和阿里巴巴的故事被神话了，也有质疑之声，但这些声音都被淹没在马云的巨大魅力营造的浪潮中。在此之后，他和阿里巴巴的处境则可以用动辄得咎来形容。虽然他和这家公司的行事逻辑并没有发生变化，但是公共舆论和社会情绪已经改变了。人们一方面羡慕他和阿里巴巴的成功，另一方面，又总是以一种怀疑的眼光打量着他和这家公司的成功。

2011 年 2 月，在 3Q 大战之后，腾讯公司组织的"诊断腾讯"上，一位发言者以阿里巴巴作为典范来对腾讯公司的人说："阿里巴巴始终在向外输出文化——马云所提的'新商业文明'。这种文化一方面对阿里巴巴是一种约束，它的行为需要在'新商业文明'的框架下，各个子公司和对外部门都要服从'新商业文明'的守则，把企业员工约束好。另一方面，既然是一种文明输出，它也影响着一大批人，影响着意见领袖，影响着媒体的观点和立场。"如今看来，情况则发生了逆转。腾讯在输出它的产品经理文化，在向整个社会宣扬它关于科技、移动互联网、产品和人性的理解，"影响着一大批人，影响着意见领袖，影响着媒体的观点和立场"。而阿里巴巴，很多时候则陷入了一种"不解释"的尴尬中；或者即便解释，马上迎来的也是新一轮的质疑。

三

2014年的5月10日，杭州还在下着小雨。我从京杭大运河边上的一家酒店出发，坐出租车沿着文一路一直向西，目的地是阿里巴巴集团在西溪的总部园区。在堵车的间隙，我偶然地看到了马云创立阿里巴巴时的公司所在地——湖畔花园。"湖畔花园"四个字掩映在江南的朦胧烟雨和顺着拱顶蔓延的绿植中。15年前不会有人想到从这里会走出一家世界级的互联网公司。

之前三天，阿里巴巴集团向美国证监会提交了招股说明书，它的估值之庞大和盈利能力之强已经是媒体议论的焦点。招股书中马云通过关联公司购买了此前阿里巴巴为其采购的飞机也被广泛谈论。我认识的一名阿里巴巴的员工说，他回到家时，连他妈妈都向他打听："听说你们公司给马云买了一架飞机？"马云在招股书中表现出的无私反而不太有人提及，在其中马云承诺他投资的所有关联公司的收益他都无意占有，都可以用来为阿里巴巴公司服务；支付宝VIE事件的另一只鞋也在招股书中跌落，马云向董事会提交了书面承诺，称他在这家名为小微金融的新公司中，所占的股份和享受到的收益不会超过他在阿里巴巴集团中得到的。

5月10日被这家公司命名为"阿里日"。在这一天，阿里巴巴将会向所有阿里巴巴员工的家属开放，请他们来公司参观，并同公司的高管们交流。于是，园区门口接待家属的工作人员代替了之前曾经站在这里的偏执的创业者。我曾经看到过一个年轻的男人站在雨中举着一块牌子，上面写着他想要推销的项目，他保证它会"让马云和马化腾动心"。另外一个人则保证他能帮助马云打败腾讯的微信。

这个占地二十六万平方米的园区，比阿里巴巴诞生时所在的整个湖畔花园小区都要大，主体建筑由日本知名建筑师隈研吾设计。园区像公园般拥有自己的湖泊与湿地，湖中有马云赠送的白鹅。园区像一个生活区那样拥有书店和咖啡馆，要想在星巴克买到一杯咖啡，至少需要排上十分钟的队，同时它又像一个大学那样拥有几个互相竞争的食堂。它让不少的阿里巴巴员工感觉到自豪，同时也让员工觉得这个庞大的园区让人很舒服。

在这一天，整个园区中四处悬挂着同阿里日相关的招贴画和标语，包括相亲大会和业务体验在内的活动吸引着家属和员工的参与。曾经作为"双十一"发布会会场的报告厅内，聚集着阿里员工的家长和孩子，一群吵吵闹闹的孩子争着要上台表演节目。阿里巴巴的高管们则会到这里来和员工家属们交流，回答诸如自己的孩子如果结婚是否能够参加明年集体婚礼的问题——2014年的集体婚礼因为报名人数太多，因此没有做到让所有新婚的阿里员工参与。临近中午时，原定要来同阿里员工家属见面的CEO陆兆禧仍然未能到场，因为他必须要和马云一起参加同一位重要客人的会谈。人群开始散去，门口站着的阿里员工为每一位女性送上一枝花，阿里的高管们中午则会在食堂为大家打饭。一位戴着员工卡的年轻长发姑娘在向外走时对她的父亲解释，往年阿里巴巴的几乎所有高管都会出来见同事的家长，但是今年情况实在多变，因为阿里巴巴有可能成为"中国最大的上市公司"。

即使不考虑马云总是在说的同阿里巴巴平台相关的就业人口，仅仅看着眼前的人群，也足以感受到人们对这家公司的感情。阿里巴巴已经成为了一家人们想要为之工作的公司，最近几年来，这家公司已经成为从政治家到普通人都会关心的对象，包括两任中国总理在内的人都对马云和阿里巴巴表达了自己的诸多期许。这已经不再是15年前创业时无人知道的那家幻想着要改变中国商业世界的互联网小公司。

BAT是媒体对包括阿里巴巴在内的三家互联网巨头的简称。这三家公司在各自的领域内都拥有巨大的竞争优势——很多人称之为"垄断"，尽管这三个巨头都会反对这个说法。百度是搜索，腾讯是社交，阿里巴巴是电子商务，其中腾讯和阿里巴巴的市值都已经超过了千亿美元。这三家公司2013年的大肆收购让媒体大开眼界，它们都试图超越自己此前的优势领域，向互联网和移动互联网上的其他业务蔓延：地图、音乐、视频、手机游戏……2013年年底开始的滴滴打车和快的打车的"烧钱"之战，仅仅是这场竞争的一个白热化表现。如果去细看这三家公司，一个互联网记者会发现它们跟5年前已经大不一样——变化太迅速了。马云自己也说，现在已经不能再将阿里巴巴仅仅视作一家电子商务公司了。

　　微信的重要性已经被无数的言论阐释过，它被称赞为一款杀手级或国民级应用。马化腾2013年在北京全球移动互联网大会现场接受央视《对话》栏目采访时称，如果没有微信，腾讯面对移动互联网浪潮时也会出一身冷汗。借助微信，腾讯在移动电商和移动支付上开始重新具备了大有可为的想象空间。它也被视为阿里巴巴最大的竞争对手，因为电子商务和互联网金融一直是阿里巴巴深耕的领域。马云在北京大学举办的阿里巴巴技术论坛上说，凭借着包括余额宝在内的互联网金融创新，阿里巴巴在摇晃着此前形同垄断的国有银行金融服务，他原以为腾讯会借助微信来摇晃同样形同垄断的国有电信运营商，但是，腾讯却选择去摇晃阿里巴巴。

　　当然，仅从外部观察的角度，对腾讯而言，最理性的做法当然是去摇晃同为市场产物的阿里巴巴，而不是去挑战三大电信运营商。只需看一看国有商业银行对待余额宝的态度和反应就不难判断，去动摇可以影响监管政策的大型国有企业当然是危险的。

　　尽管余额宝的七日年化收益率已经跌破了5%，关于它是否具有创新性的争论也一直在延续，但余额宝毫无疑问仍然是2013年的年度产品。它的出现证明了此前彭蕾在同我交谈过程中阐明的互联网金融的特征：开放和平等。以往的金融理财服务是具备一定金额门槛的，同时赎回是需要时间的，而作为一款互联网金融服务产品，余额宝可以实时赎回，同时任意金额都可以购买。它成功使得很多不使用理财服务的中国人开始尝试这类理财服务——当然是通过余额宝，或者其他互联网公司的类余额宝服务。

　　的确不能再简单将阿里巴巴理解为一家电子商务公司。因为支付宝VIE事件拆分出的小微金融在未来有很大可能会成为新的金融巨头；阿里巴巴集团大手笔收购的娱乐文化类公司和它的硬件天猫魔盒，让这家公司加入了客厅觊觎者行列；还有志在建立物流网络的菜鸟，以及马云在公开信中提到的"云"和"端"。这些都是这家公司想要传递出的新的想象空间。

四

2014年4月，作为中国企业家俱乐部的成员，马云和包括柳传志、王石在内的其他理事一起来参加在南宁举办的一年一度的中国绿公司年会。2013年是在昆明，由王中军主持的马云晚间演讲环节——"天马行空"成为年会最受欢迎的环节。他回答了台下创业者从如何处理合伙人冲突、家族企业接班到创业者如何处理两性关系的问题。但这一次，他却百般推托。最后，他接受了一次时长在一个小时以内闭门会议的安排，参加者在二十人左右，包括柳传志、沈国军、李连杰和蒋锡培等人。

在阿里巴巴宣布将到美国上市之后，马云更加避讳有媒体在场的公开露面。他说，公司的律师写了无数封邮件给他，提醒他不要"在外面乱讲话"。但当他露面时，拥挤的人群之汹涌，想要进入闭门论坛的人数之多，仍然说明他受到了巨星般的待遇。

后来在同他的一次谈话中，他向我讲述他所认为的阿里巴巴对商业世界的贡献。他说："如果说Google是在拓展技术的边界，我们就是在用技术拓展商业的边界。我们起到的作用就是把中国带入到真正的商业社会当中，尽管现在中国已经进入到了商业社会，但我们的很多思路还是农业社会的思路。"

他重复了此前在几个场合陈述过的言论，即他想要让商人在中国成为一个受人尊敬的职业。2013年在他宣布辞去阿里巴巴集团CEO的演讲中，他就曾大声宣布："我自豪我是一名商人。大家现在还是看不起商人，但商人是真正有效率的资源重新配置者。"

"我觉得阿里如果对于中国社会有一些贡献，我们希望是能把中国社会真正带入讲究契约，讲究社会资源有效配置，讲究把人类的创新、创造力激发出来的阶段。我们在做这方面的努力。"马云说。

即便不考虑上市之后阿里巴巴集团的未来，这家公司对整个中国商业世界的贡献也已经不容抹杀。淘宝是少数真正改变了人们生活的公司，阿里巴巴反复在宣扬的淘宝系公司对就业和创业的贡献，也并不是夸大之词。它在商业文化上的贡献可能没有像阿里巴巴集团创造的就业机会那样让人印象深刻，但在商界却产生着一定的影响。虽然有人批评，马云在一些观点上是站在"道德的制高点"，但在相当长一段时间内，马云总是挂在嘴边的"新商业文明"和"诚信"，的确也是我国国情所需要的。

如果说以今日的眼光来看，阿里巴巴系公司已经取得让人赞叹的成功，那么能够解释这种成功的，除了外部商业观察者分析的各种原因，如马云本人的领导力、运气、资本的帮助、中国增长的红利、商业模式之外，马云本人的解释亦有道理，他说，在今天这个时代一个公司要想成功，它需要为社会解决问题。

马云说，2014年是阿里巴巴的一个大年。公开上市将这家公司放到全世界的目光之下。所有对这家公司感兴趣的人，从投资者到媒体记者，都可以获取到它的公开财务数据和运营信息，然后发表自己的评论。这是一家受人瞩目的大公司不可避免的命运，无论实际在运营这家公司的人会受到怎样的困扰。

这只是上市带来的改变的一部分。这家公司还会面对更多因改变而出现的挑战。为数不少的阿里巴巴员工通过上市解决掉财务问题之后，他们是否还能像之前那样全力投入工作？阿里巴巴的COO张勇说，上市对团队心态的改变会是巨大的，"财富引起了员工之间关系的变化，同时带来了惰性"。

另一个问题则是所有大公司都必然面临的挑战。无论马云和作为平台的阿里巴巴是多么赞赏小公司，但是这家公司已经成为一个巨头。包括我在内的很多人会怀念它以前是多么的酷。管理学大师克里斯腾森提出的"创新者的窘境"理论也正是为这些成功的巨头量身定制：它讲述了巨头们如何因为已有的成功而错过破坏性的创新——这种创新不可预期，却会改变巨头成功的土壤。这家公司的领导者也已经意识到了这个问题，他们曾果断地分拆淘宝，努力将公司变"小"。当然，按照马云的一贯逻辑，他仍然坚持从人和文化入手来解决这个规律般的窘境。无论如何，未来会为我们这些外部观察者展现他们的努力是否会成功。

所有这一切，都是在一个快速变化的年代，一个想成就伟大事业的中国公司的努力。用马云的话说，他们所面对的挑战，是此前在书本上都没有记载过的却在真实发生的问题，而且，并不仅仅是阿里巴巴一家公司遇到的问题。因为商业的边界从来没有如此模糊过，商业也从来没有如此密切地深入到人们的生活中去。

京东：刘强东能否克服速度的焦虑

李翔按

成王败寇一瞬之间。

在我为了写这篇文章同刘强东交谈时，京东仍然需要面对外界关于自己资金链的质疑。这篇文章写完之后，还有人信誓旦旦地说，京东的资金链很快会断掉，成为中国公司史上又一个失败故事。

现在，京东已经是中国已上市互联网公司中仅次于BAT(百度、阿里巴巴、腾讯）的第四极。它的市值超过350亿美元，按照营收计算还是中国唯一一家进入《财富》世界500强的互联网公司。刘强东本人也成为极少接受媒体访问的互联网领袖人物之一，真是戏剧化的场景。

刘强东最终还是经受住了速度的考验。而他不惜代价烧钱建立的京东物流网络，也被证明是京东能够抵抗住巨头阿里巴巴进攻的最好的"护城河"。

> 领导的艺术归根到底只有一句话：面对现实，迅速变革，果断行动。
>
> ——杰克·韦尔奇（美国GE董事长兼CEO）

拿到15亿美元投资，创造了中国互联网历史上最大数字的单笔融资额纪录；2011年309亿销售额，在规模过百亿之后增长幅度仍接近200%；2012年因为有36亿支出而成为史上花钱最多的一年；全年将新增员工25000名；密集空降高管……刘强东和他创立的京东商城，能否驾驭这种看似疯狂的增长速度与规模扩张？

蓝烨是在京东疯狂扩张背景下的又一个空降高管吗？很显然蓝烨不是一个冲动的人，做出这个决定用了他超过两个月的时间，而且在这期间他还曾一度否认。当一名记者在1月30日（2012年）报道说，蓝烨要从宏碁中国区执行副总裁的职位上离开，去担任电商界的明星公司京东商城的首席市场官（下称CMO）时，他矢口否认，称这则消息失实，自己"下周仍将去宏碁上班"。

蓝烨颇富技巧的否认只持续了15天。2月15日，京东商城宣布了对蓝烨的任命。和前百度高级副总裁沈皓瑜以及原甲骨文全球副总裁王亚卿一样，他成为京东商城新高管的一员。他们的职务分别为：COO、CTO（首席技术官）和CMO。如果再加上从凡客诚品离职后加入京东商城任高级副总裁的吴声，在直接向创始人与董事会主席刘强东汇报的高管中，已经有四分之一是在半年内加入京东商城的。蓝烨是其中最近的一位。

"密集空降高管"，媒体引用分析师的话这样报道。在2010年，京东也同样有过一阵密集空降副总裁——不同的是，那次是由于业务驱动，它伴随的是京东商城商品品类的扩张。刘强东说，三年之前，这家公司只有一位副总裁。

"唯快不破"，在不景气还未降临之前，这句话成为新兴的中国电子商务公司的信条。借助涌入这个行业的资本的支撑，它们可以依靠疯狂的花钱速度来营造繁荣的幻象，吸引用户的点击和购买，然后迅速让自己拥有更加光鲜的外表，以此来进一步融资，并希望能够在这些循环中最终公开上市。

速度带来规模，而规模带来话语权和安全感。电商凡客诚品的创始人陈年开玩笑说，希望有一天能把LV收购了，然后卖和凡客产品一样的价钱。他的言论引发轩然大波，有人赞叹，有人嘲笑。后来被人问及，陈年回答说："今天凡客诚品的营收还不到100亿，当凡客诚品营收到1000亿的时候，你绝对不敢问我这个问题……你来问我这个问题，很简单，因为我现在太渺小，你才敢挑战我。凡客诚品如果到了营收有1000亿的时候，你还敢问我这样的问题吗？"快，意味着能迅速变大；大，意味着江湖地位。

如果将速度和规模作为衡量标准的话，中国的电子商务公司中没有哪一家能比京东商城更健康，更能享受公司成长的快感。速度感不仅仅表现在京东商城销售数字的增长上，它的消费额从2008年时的13.2亿爆炸性地增长到了2011年的309亿（根据易观数据），还表现在京东商城员工数字与高层管理人员的变化上。

"每半年我们的团队都会有大规模的扩张。"2009年10月加入京东商城、负责公司人力资源体系的副总裁关有民说。他用一句话来描述他加入之后所经历的京东商城发展："业务快速成长，团队快速组建。"

"有一次在上海的一个咖啡厅，我从早上九点到晚上八点半一直都在不停地面试人。"关有民说。而关有民要寻找的，还仅仅是京东商城的高级管理人员。由于京东商城自身的疯狂增长，以及商业模式决定的自建物流和自营商品，让京东商城的新增员工数量从以百为单位先后变为以千和以万为单位来计算。

驾驭着这辆高速前行的公司战车的刘强东说："我们今年要新招25000名员工，明年可能新招30000名，这意味着每天都要新入职100到200名新员工。"

他接着说："这对我们是很大的挑战。"

一

蓝烨不懂电子商务，但对于PC制造与销售他是行家——或许还有精细化管理。2012年他42岁，拥有一副壮硕的身材和超过20年职业生涯赋予的丰富经验，讲起话来不急不缓，分析起问题有条有理，脸上的表情和颜悦色，但却总是挂着一种忧虑的神情。有人恭维他是这家公司管理团队中重要的一员，他笑一笑说："哪里，只是一个新员工而已。"

此前接近20年的职业生涯中，他有将近16年的时间是在联想集团度过的。23岁大学毕业，蓝烨就加入了这家曾经备受赞誉的中国个人电脑制造商，从一个普通的销售员做起，做到联想集团负责大中华区PC销售的副总裁。如果细细讲来，这就是一个典型的职场成功故事。

2008年1月，蓝烨出任联想移动副总经理，但半年后，联想集团将联想移动出售给包括弘毅投资在内的私募基金，蓝烨也离开了联想集团，转任方正科技总裁。当然，他可能没有想到的是，一年之后，联想集团就以翻倍的价格回购联想移动，移动业务也成为联想集团的新重点。

接下来，又是一次并购改变了蓝烨的职业生涯。2010年8月，宏碁收购了方正科技的PC业务，蓝烨作为PC业务的负责人加入宏碁，担任宏碁中国执行副总裁和大客户部负责人。

不过，只有这一次的职业变动是真正的滑出轨道：他离开了熟悉的PC圈，加入了一家他只是从上面买过手机的电子商务公司——"因为家里其他东西都是我爱人买的"。

他当然知道京东商城。毕竟，刘强东从1998年起就开始销售同个人电脑相关的电子产品，而蓝烨正是这一领域的重要人物之一，无论是在联想、方正还是后来的宏碁。"我原来是他的供应商。"蓝烨说。2011年京东商城的大事记中，就包括在 3 月获得宏碁电脑产品的售后服务授权。

"电子商务是一个新兴的业态，在我们整个销量中的占比较小。所以，当时我跟京东商城的接触，更多是从业务角度来看，为了覆盖好市场，而选择不同的渠道。"从一名供应商的角度，蓝烨关注的问题很简单：第一，京东商城是否能够覆盖传统的渠道覆盖不了的客户；第二，为了覆盖这个新的客户群，需要付出什么样的成本，"我大概要给他留多少个百分点，他才能满意，才能很卖力地推我的产品"。

"至于说这个企业是什么经营理念，有什么样的企业文化，它的长远战略是什么"，这些问题并不在一个供应商的考虑范围之内，大概除了公司创始人之外，也只有财经媒体和投资人才会关心。卖出产品和收回回款才是重要的事。

但是当他接到京东商城的邀请，希望他能够成为其中的一员时，他就不能如此简单地去考量这家公司了。他要考虑的问题和我们所想的一样：京东商城究竟是一家怎样的公司？它是否面临着质疑者常常提到的不可持续发展的风险？他说，他最大的顾虑正是，"企业还在快速发展，担心企业战略、运营、管理上是不是有些潜在的风险，就是怕未来会出现问题"。

在传统硬件行业中经营了 20 年后，蓝烨打定主意在重新选择时要换个让自己有新鲜感的领域。毕竟，在 PC 这个经过充分竞争的行业，"厂商也不多了"，基本上是所有人都认识所有人。接下来，他要像一名风险投资人选择被投资对象一样选择自己将要加入的公司。首先要看行业，"电子商务这个行业本身在快速增长，比我原来工作的行业成长性高很多"；其次，要看在这个行业中有哪些公司是"你觉得有希望或者你更喜欢一些"；然后，还要看公司的创始人。他挑选赛道，也挑选车手。

在同刘强东见完第一面之后，蓝烨向刘强东提出了一个要求："我想跟京东的主要管理团队成员有一个面对面的沟通。"正是人力资源副总裁关有民安排了这一非正式的沟通。在北辰世纪中心京东商城办公室旁边的咖啡馆内，五名京东业务、职能和价值链管理方面的高管以个人朋友的身份同蓝烨做了交流，"要问什么问题我都事先做了准备，了解完之后，我大概就对整个公司也有了比较深入的了解"。

他所坚持的换工作方法论是：首先，先看这个公司的未来是否能够持续发展，平台是否越来越好；其次，个人同这个平台的匹配度如何，是否能够双赢，"这个舞台所需要贡献的价值和我自身具备的价值是否匹配"；第三，"个人的价值观和企业文化是不是匹配"，"不匹配也挺麻烦的，因为你到时候得老装着，实际上心里又不这么想"；最后则是薪资待遇，对于蓝烨而言，从一个成熟行业中的成熟公司离开，加入一个正在发展的行业中正在发展的公司，他所获得的报酬的形式也会发生变化。

当然，既然他已经选择成为这家公司的CMO，不用问也知道他通过自己的研究对这家公司的未来得出了怎样的结论。"国内的很多企业还是想最开始时赶一个机会，但是不太务实。有些企业，你听名气或者看广告和报道，听公司领导人的讲话都觉得不错，但实际里面整个业务的健康程度不太好。"蓝烨说。而在他经过同京东商城的高管沟通以及对外部信息分析之后，他认为京东商城不属于这种类型的公司。

"从整个电子商务的商业模式来讲，目前这个行业的盈利状况都不好。但是这个公司还是比较兼顾规模的增长与核心竞争力的建设。它不光是在通过烧钱把公司规模发展起来，还把很多钱花在了核心竞争力的建设上。这样看来京东商城还是要做眼光长远一些的公司，而不是做昙花一现的企业。从这个路数看来，我觉得京东整个企业的思路还比较靠谱。"蓝烨说。

他称自己也很认同刘强东和京东商城传递出的务实与注重客户体验的文化，"很多事情都是以客户为准"。比如京东商城并没有利用自己网站上的巨大流量大肆做广告，虽然这样一方面可以讨好自己的供应商，另一方面可以迅速带来巨大的现金收益；再比如在遇到客户退货时，京东商城确立了首先让客户满意的原则，然后再回过头来看，产品的问题是否同供应商有关，是否可以通过商业谈判来让供应商承担损失。

当然，这并不是一家天衣无缝的公司，也从来没有天衣无缝的组织，更何况这还是一家连续几年以200%的速度增长的公司，速度和速度带来的组织膨胀本身就会带来问题。"如果把企业的生命周期分为创业期、快速成长期和成熟稳定期，我觉得京东还处在第二个阶段，不可能说公司的整个管理系统和流程总能够跟业务每时每刻都相匹配。一定是规模增长快，管理系统在后面追。所以你要问我这个阶段有没有这种问题，我会说肯定有，而且是不可避免的。"蓝烨说。

这些问题并没有让他吃惊。他称自己在联想集团时就已经目睹过一个公司在快速成长期所会碰到的问题："快速成长过程中管理系统上粗犷一些，现有的管理制度和流程还是公司规模小的时候制定的，规模变大时肯定需要调整，还会有一些效率和管理上的严密性问题。"当他在京东商城身上看到这些问题时，"坦白说我都没觉得太意外"。

他将这些快速成长期所碰到的问题归为"可控"风险之列。他又一次以投资为例，"那些做投资的VC（风险投资）和PE（私募股权投资）也是看企业的这些方面"：整个公司的整体的战略方向与商业模式，公司的企业文化同商业模式与战略匹配程度，核心管理层和创始人的领导力与学习能力。"至于管理上是不是有漏洞，高速发展下管理体系是不是能跟得上，这些问题肯定都是有的。"

而在刘强东和蓝烨第一次见面，谈论蓝烨是否可能到京东商城任职时，刘强东也表达了对蓝烨要扮演的角色的期待，即提高京东商城在营销上的管理体系精细化程度。"这也是企业发展到现阶段的战略需求，因此会考虑相应的符合这种需求的一些人，然后再通过中间的朋友介绍。"蓝烨解释道。

这种思考也解释了京东商城在2011年下半年的"密集空降高管"行为。如果说2010年的密集空降副总裁是因为具体业务的驱动，那么2011年的又一轮密集空降高管，则是出于完善公司管理的需求。这是"公司战略反映在团队上的表现"，京东商城人力资源副总裁关有民说。

但是，阿里巴巴集团的一位管理人员评价说，京东商城2010年和2011年在组织上的快速扩张，包括空降兵密集降落，让其想起了阿里巴巴曾经类似的经历。在阿里巴巴，这种经历随后带来的结果是，2000年时马云宣布阿里巴巴进入紧急状态，COO关明生举起裁员的利剑。马云为之痛苦不已，他在打给一个同事的电话中说："你觉得我是个不好的人吗？这些人愿意留在公司，现在因为我的决策失误，这些人要离开，这不是我想做的事情。"马云对空降经理人的做法也表示了反省，他说："2001年时，我犯了一个错误，我告诉18位共同创业的同仁，他们只能做小组经理，而所有副总裁都得从外面聘请。"

后来，阿里巴巴聘请的职业经理人大多离开。这在公司发展史上属于常见问题：初创公司需要成熟的经理人来帮助它们解决公司管理问题，但这些成熟经理人往往自己也成为了公司的问题，直到被迫离开。在中国互联网公司发展历史上，新浪和网易都曾面临过职业经理人和创始人发生分歧乃至剧烈争斗的情形。另一种情形则是，职业经理人完成自己在初创公司完善管理的使命后，顺利离开，但这家公司仍然难以逃脱媒体诟病。

二

关有民并不认同上述评价，而且也有自己的担忧。在被问及对于一个快速扩张的组织而言，身为一名人力资源官，他最担心的问题是什么时，关有民回答说："在不同背景、不同理念的经理人大规模进入时，如何保证公司的文化和价值观能够落地，以及如何制订公司的人才培养和继任计划。"

刘强东并不是没有意识到这些问题。从他创业开始，刘强东就强调，"先人后企"。当问到京东商城可能面临的风险是什么时，他没有迟疑，立即回答："风险永远都在它的团队。一个企业的成功和失败，永远都是因为它的团队，只有这一个因素，没有第二个。"他不仅仅是对着采访笔才这样说的。在京东商城的内部年会上，刘强东为公司确立了年度的交易额目标。然后他自问自答道："我们怎么实现？希望我们永远只有一个回答：靠我们的团队。永远没有第二种回答。"

因此，他在内部将"培训"描述为2012年京东商城"最大的一个战略"。"今年我们要新增2.5万名兄弟，这意味着到2012年底时，我们全国员工将达到4.5万。如果我们没有培训体系，公司的战略是无法实现的。"

他驳斥了依靠从外部挖人的做法："有的人说，招呗，挖啊！但是我想，京东所有的老员工都知道，这绝对不是京东人的做法……培养和培训人才是最花时间、成本最高的一种选择。但是，也唯有培养人才，能够让一家公司实现持续的成功。"

不过，在面对采访时，他能很好地掩饰自己对团队的这种焦虑。针对庞大的新增员工数目，他说："其实我们今年从扩充比例来讲，已经是历史上比例最小的，因为新招来的员工人数只是比老员工多了几千人。过去是年初还只有一千人，年底就三千人了，新招的人是老员工的两倍。"针对如何管理一个已经变成庞然大物的组织，他说："其实很简单，我管的就是十几个人，我只要选对这十几个人就可以了。每天工作十几个小时，就管理这十几个人，有那么复杂吗？我选对十几个人，他们每个人再选对十几个人，庞大的组织就这样一点一点建立起来了。很简单的一项工作。"话虽如此，刘强东在公司管理上以事无巨细著称。他声称在每日的高管早会上，他们会用超过一半的时间来讨论各种细节问题，如发给用户的货品采用的包装问题，这些问题当场就会得到解决。

而且，毫无疑问，管理一个数万人的公司是一个巨大的挑战。无独有偶，和京东商城一样，阿里巴巴集团也将内部"干部培训"和组织完善作为重要工作。"我们谁也没有管理过超过2万人的公司。"阿里巴巴集团的CMO王帅说。他称这是一项非常重要的挑战，而且在此过程中出现任何问题都可以理解。在大多数人看来，阿里巴巴集团的管理和公司文化都比快速膨胀的京东商城要完善一些。

人力资源副总裁关有民称，在目前京东商城的组织结构中，在总监和副总裁级别的管理人员中，外聘的比例会大一些，但是也有自己培养的高管。他随口举了三个例子，分别为负责财务、IT系统和消费类电子产品的副总裁级别管理人员。而在基层管理人员中，根据他所做的统计，约有47%的管理人员被来自于内部的培养和晋升。但这远远没有达到刘强东的期望。"我们一直在努力做到60%～70%的管理干部是我们自己培养的，而不是从外部引入的。"刘强东说。

"刘总今年把培训上升为公司战略，也是希望通过公司的培训文化，让这些新加入的经理人在两三年内成为真正的京东人。"关有民称。

京东拥有自己看上去颇为复杂的培训体系。关有民和他的团队制定出了七项课程，"我们现在的入职速度太快了，因此我们希望通过这样一个体系，能够涵盖从基层员工、基层主管再到高层经理，提高员工的整体能力、素质。"（这七项课程分别为：融入之行——新入职课程；亮剑之旅——拓展训练课程；明日之翼——职业化课程；精英之路——业务进阶课程；跨越之阶——管理进阶课程；制胜之道——领导力课程；京东之魂——核心价值观课程。)

除了这些课程之外，京东商城颇为著名的课程还有从2007年开始的管理培训生项目。这项针对应届毕业生的计划被称为"鹰计划"，其目的正是为这家组织规模快速膨胀的公司培养管理人才。

入选管培生项目的应届毕业生首先要接受一个月的封闭军训，在军训期间也会完成对公司历史、文化与价值观的培训。接下来，这些年轻人们会在京东商城的各个业务部门进行轮岗：仓储、配送、客服、采销、售后、行政及财务，即使是一个瘦弱的漂亮女生，也必须像京东商城的快递工作人员一样，穿上京东商城红黑色的工作服为客户送货。在轮岗三到五个月之后，他们会根据自己的兴趣选择工作，京东称之为"第一次定岗"。工作一年之后，管培生们可以再次选择他们的工作部门。

刘强东本人对这些"雏鹰"们爱护有加。他让他们参加只有高层经理才可以参加的管理层早会，会主动带他们参加一些商务活动，甚至"可以随时向我汇报工作或者找我交流"。已有的五届近300名管培生被视为京东商城的"黄埔军校"学员，到目前为止，已经产生了3名总监级管理者和30名经理级管理人员。

针对已有的中低层管理人员，京东通过"管理干部培训班"为他们提供培训，"脱产培训至少100天"。培训完之后，这些人可以再次选择岗位。

对高层管理人员，刘强东则大手笔地要送他们去读MBA和EMBA。"在2012年，我希望能把京东所有总监以上的同事分批送到国内一流的MBA学校学习。不仅所有的学费由公司出，每年还给每人二到三万的交流费，没有培训协议，如果在上学期间离开了不需要违约金。"刘强东慷慨地表示，"回不来就回不来了，他们已经为公司工作了很多年，做了很大贡献，即使要走，这就当是公司送他一个礼物。"

在通过"星火计划"和部队合作招聘退伍士兵服务于京东的物流部门之后，这家公司也专门为这些退役的军人们做了一个"星火计划集训营"，希望能够用两个月的时间来对这些退役军人们进行集中培训，"为供应链系统的基层储备干部"。"如果把部队作为一座山头，京东是另一座山头，我现在要做的就是从部队这座山上下去，再从京东的另一座山头底部重新攀爬。"服务于京东华南仓储的一个退役军人江体辉说。

刘强东自己则强调针对配送体系的"十百千工程"。它指的是京东希望于2012年在配送体系上培养出10名总监级别的可以管理大区的高级经理人，几百名可以协调城市内站点配送的城市经理，以及至少1000名以上的站长。

这个快速成长的公司也的确为供职其中的年轻人提供了迅速晋升的机会。尤其在配送体系，它的仓储面积和站点不断增加，有不少新员工在入职两年之后，就已经成为管理着数十名员工的管理人员。这种情况和在高速成长期的星巴克一样，由于开店速度飞快，一名普通店员会在两到三年内晋升为店长。

"在2012年，我们要给所有的管理人员提一个硬性指标：以后想要获得升职，就要告诉我你培训了谁。你升职了，你的职位谁来替代？如果没有，就继续做下去，丧失升职的机会……我们的队伍越来越庞大，如果没有这样的培训体系的话，总有一天我们会失败，我们一年、两年甚至十年的青春和汗水都会付之一炬。所以大家，特别是中层干部现在就要开始好好想一想：谁是你的培养对象。"刘强东在京东的年会上说。

京东商城方面提供的数据称，这家公司在2011年用在培训上的费用接近1000万，而在2012年这一费用会超过2000万。

三

在距离京东商城办公室几步之遥的北辰洲际酒店内，这是刘强东在媒体面前最后一次亮相——他的副总裁吴声说，这会是刘强东最后一次接受媒体访问，而京东的CMO蓝烨则是第一次亮相。刘强东穿着一件淡色帽衫，里面是一件黑色长袖T恤，一手拿着话筒，一手插在休闲裤的口袋里，活力十足地在台前走来走去，回答记者们提出的各种问题。当一个提问的记者称，她是京东商城的忠实用户时，刘强东向她轻轻鞠了一躬。

"我们欢迎苏宁这样的传统企业在线上销售方面发力。"在2月20日京东商城电子书刊上线发布会上，刘强东回答一个记者的提问时说。

他说："大家一起努力把蛋糕做大，在维持现有份额不变的情况下，京东的业务也会变得越来越大。如果这个行业只有一家企业在做，那是永远都做不大的，它也永远成为不了行业里巨无霸型的企业。"

这个现今最耀眼的商业明星向苏宁的电子商务公司苏宁易购表示欢迎，这也是对竞争的欢迎，其劲头有点类似于当年年轻的苹果公司在报纸上刊登广告说："真诚欢迎IBM"。

其后不久，3月4日苏宁电器的创始人和董事长张近东在北京一家希尔顿酒店内请媒体吃饭，他端着酒杯挨桌敬酒，半开玩笑般地对记者说："你们不要老是去关心那些虽然有200亿销售收入，却还在亏钱的公司。"此前，张近东就曾经开玩笑似的说过："有人告诉我一家公司有100亿的销售收入，我就想，它该多赚钱啊，但是它却说自己是亏损的。"

张近东比刘强东年长9岁，他在2010年雄心勃勃地宣称，苏宁要做"沃尔玛＋亚马逊"。他已经建立起一家千亿级的公司，但他不满足于此，希望通过"再造另一个苏宁"来让自己更进一步。

刘强东对此的回应是，传统的零售企业已经相对成熟，而电子商务却是一个新兴的行业，"新的行业刚开始的投入期是很长的"。他说，京东不同于腾讯这样的互联网公司，提供的是虚拟产品和服务，"在京东，你想得到产品是要花钱的。这是一个非常严肃的生意，必须要有超大规模的投入才能保证客户花的钱是值得的"。

"我们的规模在过40亿的时候就已经可以盈利，但是可以盈利不代表一定要盈利。我们不盈利不是因为毛利低，不是因为我们成本失控。我们不盈利的原因只有一个，就是我们最近几年都属于大规模投入期。大部分公司处在这个阶段都是不盈利的。"刘强东说。

而之所以要大规模投入，是因为"电子商务需要大规模投入才能保证用户体验，不投入，用户体验保证不了，无论你今天多么欣欣向荣，早晚有一天你会被客户抛弃"。

一位曾经帮助一家知名基金对京东商城做投前尽职调查的研究人员则称，在他看来，京东商城的盈利的确是个问题，而不像刘强东所称那般轻而易举。同时，他也说，京东商城也可以选择通过第三方服务来解决物流和仓储问题，这会大幅度降低京东商城的运营成本，但是京东选择了自建。

在刘强东的时间表内，这种大规模投入将会至少再持续两年，这意味着京东商城的盈利期可能会在 2014 年之后。2012 年更是京东史上花钱最多的一年。这一年，刘强东在京东的信息系统建设上花掉 5 个亿，在物流系统上再花掉 31 个亿，加起来这一年支出了 36 亿。"明年就不需要支出这么多钱了，因为今年刚好是六个项目同时需要支出，土地款、建筑款、设备款，都需要大规模集中支付。"

如果我们看到的关于京东商城的资金信息都是真的，那么它有足够的现金来支付这一切。自从 2011 年 4 月京东宣布自己获得包括俄罗斯数字天空技术（DST）、老虎基金和高瓴资本在内的投资者 15 亿美元的融资之后，已经很少有人再会质疑这家电商公司会面临资金链断裂的困境。

15 亿美元，这是自阿里巴巴获得雅虎的 10 亿美元投资之后，中国互联网历史上最大的一笔融资。一位和老虎基金有过接触的投资界人士称，老虎基金的背书对于她而言尤其有说服力，因为她很少看到有像老虎基金这样认真谨慎地去做投前研究的投资基金。

但是刘强东仍然会被关于盈利与上市的问题包围着。他开玩笑说这两个问题他已经回答过不下 2000 次，但是仍然每次都会被人问及。

"我们一直回答说自己没有准备去做 IPO，我们确实没有准备。现在每天忙的事情就是怎样投资、投资、投资，把我们的服务能力迅速扩大，保证到年底的时候能够拥有单日 120 万单到 150 万单的服务能力。我们根本没有时间去想 IPO 的事情。"刘强东说。

"没有精确的上市时间表，也没有投资人的压力。"对于投资人，"我们见面第一天，我就说得很清楚，你给我的就是钱，除了钱之外，你就在旁边等着。当然，有可能成功也有可能失败，但你有你自己的投资理念，对不对？任何投资人都必须闭嘴，永远不要跟我谈公司怎么运营，怎么赚钱的问题"。"我不认可说你能给我带来团队，带来经营理念，鬼扯！如果是这样你给自己投资好了，还是百分百股份，为什么要给我投钱？"

如果既不关心 IPO 的问题，暂时不用考虑盈利的压力，也不用理会投资人的建议，那么刘强东的心思集中在什么问题上？

不管你信不信，他说，京东商城的增长速度正在对他形成困扰。"跟过去相比，我们的增长速度在缓慢地下降，但是2012年一开始到2月14号的财务状况还是让我们有点不满意，增长速度还是超出了我们的预期，远远超出100%。"

他希望将京东商城的增长速度控制在100%左右。按照这一设想中的增长速度，相对于2011年的309亿销售额而言，2012年京东商城的销售规模应该超过600亿。而等到京东商城的销售额达到500亿规模之后，"我希望它的增长速度有60%到80%就够了"。

"你到了几百亿的规模，老实说，再增长百分之几百是要出问题的，是会出大问题的。"刘强东以一个递进句来表示强调。他的口头禅是"老实说"，这时候他的意思是，无论你信不信，反正他是信的。当他想要强调某件事情时，总是会以"老实说"作为开头。

"我们的投资，不管多么疯狂的投资，也跟不上京东商城的增长速度，所以其实从去年开始，我们就在有意识地降低我们的增长速度。要不然用户体验会大幅下降，得不到保障。"刘强东说。用户体验也是他反复提及的一个词。你问他京东商城花钱的原则是什么，他回答"用户体验"；你问他最主要的精力放在什么地方，回答是"用户体验"，还毫不客气地封自己为"首席体验官"；你再问他京东商城在市场中领先的原因是什么，答案还是"用户体验"；那么京东商城跟它的那些竞争对手们的区别在什么地方呢，答案不是"叫你亲不如质量精"，同样是"用户体验"。他声称自己每天会用两个小时，即他六分之一的工作时间来浏览服务器后台上用户的各种留言和评论，其中有些评论涉及的问题他还会在高管早会上提到。

"真的不是我在说打牙祭的话，增长速度太快带来的最大风险就是用户体验下降。"刘强东一脸真诚地看着访问者："我们的服务能力支撑不了这么多用户。今天我们是45万客户的服务能力，明天突然来了55万，那意味着可能一下子就有10万顾客对你不满意了。到处都会有人骂我们，所以我们不能太贪婪。"这成为刘强东"最大的担忧"——"订单太多超过了服务能力"，继而引发用户不满，最后抛弃京东。

尽管在2012年我们明显能看到京东商城的广告出现在热门的综艺节目

《非诚勿扰》中,出现在影院和电视中,但刘强东仍然说,对于京东商城而言,为了降速,"老实说,每年年终开会,都是来砍市场费用的。我们经常把几个月时间的所有营销费用全撤掉"。

一句题外话是,京东商城的密集广告投放也让人质疑这会降低京东的毛利。刘强东对此说法同样嗤之以鼻:"我们每年在营销上的投入比例就是1%左右,高的时候百分之一点多,低的时候0.8%,从来没大变过。我们今年还是这个比例,但你不要忘了我们今年至少有600个亿的销售额。"他笑了起来,然后做了一个简单的数学题,这个1%的比例就是6个亿。"

"营销投入占销售的比例,京东商城肯定是最低的,我相信你找不出另外一家企业,它的营销投入只占销售总额的百分之一点几,任何一个企业都不可能这么低,但是我们做到了。"他说。

至于不得已的降速,刘强东承认这正是公司后台服务体系的建设没有跟上公司的增长速度。但是,"投资也是一门科学。投资,只能根据你的增长速度适当控制。过分投资会浪费太多钱,企业支撑不住;而投资跟不上增长,用户体验又要出问题。我们多少年来一直在研究,如何保持投资和增长速度相对的匹配。但是不管怎么说,不可能百分百地match"。这正像蓝烨所说的公司管理系统的完善和公司增长速度的匹配一样,非常难以做到。

接受采访时,刘强东刚刚结束哈佛大学的一个短期学习项目。他读过中欧商学院,号称自己每个月都至少会读一本书,充分利用在飞机上和洗手间内的碎片化时间。"你必须要有学习的心",他解释说。

"你要接受这一点,即一个企业的创始人和CEO,往往是这个公司最大的瓶颈。团队出问题,首先都是CEO出问题之后,再把团队带到错误的方向,导致公司最后的失败",因此,"你要有一种谦卑的和对失败的恐惧心理"。刘强东称,这是他有强烈的学习欲望的原因。

他是一个将精力一门心思用在公司事务上的人。有一次他参加一个颇为隆重的企业家活动,他不断问身边的人:"现在台上讲话的人是谁啊?""哦,是俞敏洪,做新东方的。你不知道吗?""那个人呢……"

"当时,除了柳传志等有限的几个企业家之外,其他人他似乎都不认识。"一位活动参加者回忆说。

他有一个简单而模糊的梦想，就是"做一番事业"。他想要创建一家公司，这家公司拥有很多员工，而且这些员工能够和公司一起成长，并且分享公司创造出的财富，"活得像个人样"。这让他给每个京东商城的快递员都缴纳四险一金，并且将自己持有的超过70%的股份都分给了员工。当他在讲起自己2011年最大的遗憾时，他说，那是"没有实现对我们配送兄弟们的承诺"。2010年时，刘强东对着100多名配送员工承诺说，2011年他要请京东11个配送站的"兄弟"吃饭，"陪大家聊天"，但"最终只去了7个配送站……愧对我们的配送兄弟"。

他清楚外界对于他和京东商城的疑虑。但是他对此不屑一顾，认为这只是因为京东不符合评论者的经验认知才招致批评。"老实说，任何行业成功的公司，都是突破了我们的常识和经验后才能成功。符合人们的常识和经验的企业，要不就是垄断行业的国企，要不就只能变成一家平庸的公司。"

他对公司"成功"和"竞争"有着不加掩饰的热爱。"只做第一，不做第二"，刘强东喜欢这个曾经挂在京东商城苏州街办公室的标语。

"我讨厌第二！"而要想成为第一，刘强东明白，仅有速度又是不够的，甚至是危险的。无论做了多么充分的准备，他仍然必须面对悬挂在这家公司头上的、随时可能掉落的达摩克利斯之剑。只要京东一天不用详尽可信的财务数据来说服别人，就随时可能冒出来资金链、盈利与上市问题；刘强东为了解决资金问题而拿到了高额的融资，这是否会形成对他的控制力的威胁；他为了解决公司管理问题快速组建了高管团队，这个团队自身的磨合和运行也可能会出现问题；他为了应对业务的快速增长而使公司员工规模迅速膨胀，而驾驭这个庞大团队自身也成了问题。

饿了么：枭雄张旭豪如何成长为大只独角兽

李翔按

    饿了么开始成为一家重要公司的标志之一是它成为2016年央视3·15晚会的曝光对象。

    第二天我在上海见到张旭豪。在一档电视谈话节目中，张旭豪是嘉宾，我是点评嘉宾。原本以为因为3·15的负面报道，他会推掉节目的邀约，但他还是准时来了。而且，还按照节目开场的设计，张旭豪给每一个节目嘉宾送来了外卖饮品。

    除了3·15之外，当时另一桩还没最终落地的消息，是饿了么是否接受阿里巴巴集团投资，并且同阿里巴巴旗下的口碑外卖合并。

    因此，当时的张旭豪身上可谓是全身敏感点。不过，他还是以超出自己年龄的老练，把所有关于公司的敏感问题全都圆了过去。然后，再凭借自己在公司内部的一些逸闻，以及回应逸闻时的机智，把全场人都逗得哈哈大笑。

    阿里巴巴的投资，让这家原本处于风口浪尖的公司暂时处于安全地带。张旭豪可以长出一口气，终于没有了来自资金层面的压力。而在另一端，他最大的对手美团网和大众点评合并之后，整合和融资都会占据CEO王兴的很大精力。外卖O2O战场暂时陷入了相对平静的状态。张旭豪可以抽出精力专注于内部管理，修整一些由于速度过快带来的后遗症，同时规划一下公司的长远未来。

> 当你相信一件事情的时候，你最好是毫无疑问地相信它。
>
> ——沃尔特·迪士尼（迪士尼公司创造人）

一家大学生创业公司，在遭遇了烧钱竞争、巨头碾轧和资本追逐之后，一跃成为中国最受瞩目也最有价值的初创公司之一。它是时代精神高度凝聚的符号：创业热潮、O2O风口、残酷竞争与补贴大战、巨头格局下的合纵连横以及一个"成功"的创业故事。当然，你我皆知，故事仍没有结束。因为所有这些造就故事的力量也都没有消失。

一

信使传递回来的消息让人不安。

这时已经是2014年的8月，这家名叫拉扎斯的上海公司正在慢慢习惯"战争"的状况——公司的全称是拉扎斯网络科技（上海）有限公司。这个名字印刷在公司蓝色名片的正面，第一次看到这个名字的人往往会不知所措，这时候递出名片的人会提醒你翻看背面，那才是这家公司最广为人知的名字：饿了么。拉扎斯来自梵文，它的意思是激情和信仰，很多年前由公司的创始人张旭豪想出来，让所有第一次听到的人都有不明觉厉的感觉。

从 2008 年两个上海交通大学的硕士研究生在宿舍里萌生想法，思考着创办一家解决外卖问题的公司开始，他们要面对的就是层出不穷的竞争对手，比如早年同在上海交通大学校园创业的外卖公司小叶子当家，比如后来他们在各个城市遇到的本地外卖服务公司。但竞争的升级是从 2013 年才开始的，真正惨烈的竞争则从 2014 年开始。

甚至不能用"逐步升级"来描述这种变化，竞争就像是从冷兵器时代一跃进入核战争时代。阿里巴巴集团旗下的淘点点、新生代巨头美团网的美团外卖以及随后百度旗下的百度外卖先后冲入这个市场。"扔一颗核弹过来"这种说法也开始在他们谈论竞争对手时出现。当然，他们也是竞争的获益者。竞争迫使着这家公司拼命向前奔跑，他们的员工数量、业务扩展的城市数量、每日订单的数量和公司估值也都在以让人匪夷所思的速度增长。举个例子，2013 年年底时，这家公司还只有两百多名员工，在 2014 年和 2015 年，员工数量的增长从 1000 人到 2000 人再到超过 10000 人、15000 人。这家公司也一步步成为中国最有价值的初创公司之一，公司不断变化的估值如今已经逼近 50 亿美元。

不过，2014 年的 8 月却是一个惊魂时刻。

罗宇龙拿到的一份数据让他大吃一惊。

出生于 1988 年的罗宇龙本科学习的是计算机。在上海交通大学读书期间，罗宇龙知道了这家由学长张旭豪、康嘉等人创办的公司。他使用这家公司的外卖订餐服务，试着给它发邮件，然后，在微软亚洲研究院实习半年之后，加入了这家公司——饿了么很多早期员工都拥有类似的经历，先是作为用户，然后忍不住提点意见，之后放弃当时看来更体面的工作加入这家公司。

在历经了技术、运营和北京市场负责人等职务之后，聪明、强硬和执行力强的罗宇龙迅速成为这家公司最核心的成员之一——聪明毋庸置疑，而执行力是这家公司能攻城略地的重要原因，至于强硬，罗宇龙自己说，他的强硬是受到了 CEO 张旭豪的影响。他们之间的沟通方式，在早期的主旋律中经常是张旭豪"劈头盖脸"地一顿痛骂——"强硬"也是张旭豪被反复提及的领导风格，有些时候作为褒义，有些时候作为贬义。这倒也并不奇怪，如果创始人和公司不拥有这种强硬的性格，这家由毫无工作经验的大学生创办的上海公司，必定会在包括美团和百度在内的竞争对手的挤压下尸骨无存，像中国互联网领域内无数次上演过的故事一样。

之所以吃惊，是因为这份数据传递出的信息和此前罗宇龙以及包括张旭豪在内的饿了么高管得到的信息并不一致。这份数据综合收集了饿了么一线员工掌握的细节情况。他相信这份数据，尽管数据告诉他的事实并不是他一直认为的那样。

此时罗宇龙负责一个名叫"发改委"的机构。它在2014年的4月份由饿了么的CEO张旭豪提议设立，成员包括他本人、COO康嘉、资深副总裁冈婕和罗宇龙。在带领核心成员同咨询公司PWC吃完晚饭之后，张旭豪把他们留了下来，建议成立"发改委"来统一处理这家公司在高速发展过程中遇到的所有尚不清楚职权归属的管理问题。事后看来，"发改委"更像是饿了么的战时经济管理委员会，至关重要，但只存在了一年。

"我们之前得到的信息是，美团在各个城市的市场份额与我们差得比较远。但是，那份数据显示，它在高校的市场份额离我们不远了。"罗宇龙说。高校正是饿了么赖以起家的市场，但数据显示优势不再明显。他把这份非常详实的数据发到了公司高管群中。那时已经过了晚上十点，但是看到数据之后，张旭豪提议召集大家晚上十二点在他的办公室内开会。

"我们当时需要消化一下，大家还不大能接受这个事实。但是接受之后，市场策略马上就要改变。"罗宇龙回忆。

改变的核心是两个字：补贴。或者说，烧钱。在这一轮的互联网公司竞争中，金钱就像能源，通过不断地投钱，不断地补给燃料，这些公司的增长速度才能更快。喜欢赛车的张旭豪不会不明白这个道理。当他发现自己已经有落后的危险时，唯一和最好的方法，都只能是继续踩踏油门。否则，你只有站在旁边不断地抱怨汽油的价格，让开车变成有钱人的游戏，或者装作自己还是更喜欢慢悠悠地走在人行道上。

接下来的两天两夜，张旭豪把自己关在办公室里，除了短暂的休息之外，唯一的工作就是大喊大叫，做他最擅长的事情：扮演一个态度强硬的老板。

每一个饿了么的城市经理都被安排参加CEO张旭豪在上海总部召开的视频会议。在视频会议的开头，张旭豪会先和颜悦色地同他的下属打个招呼，回忆他们曾经在什么地方见过，然后了解一下当地的市场情况。聊完这些之后，就像他有时在公司内部会议上会做的那样，张旭豪会突然爆发，拍着桌子开始咆哮：

"市场份额才是第一！不要管成本！只要市场份额！"

这是张旭豪和他的团队商议出的向城市经理们传递压力的方式。因为"我们下面这些人，没有花过那么多钱，对于放开手花钱做补贴拉用户，有点放不开。所以我们当时就觉得，Mark来自己传达压力最好"。

"开了这一枪之后，就收不住了。整个就开战了。"罗宇龙说。

二

是时候认识一下张旭豪了。

只有建立起对这个人的初步认知，才能明白为什么这家早先在中国互联网名不见经传的小公司，在整个外卖O2O的激烈竞争中一直没有被打趴下，也没有像不止一次的传言所说的那样，被全资收购，还能在今天中国互联网寡头分立的格局下，保持着跌跌跄跄的前进姿态。以及，为什么他是那个"开第一枪"的绝佳人选。

短暂接触过张旭豪的人会被他友好的外表所迷惑，你看到的是一个戴一副圆框近视眼镜的短头发男生，身着休闲西服外套和卡其裤，笑起来斯斯文文，讲起话来客客气气。但是接触的时间一长，他就会暴露出自己无所顾忌的本性。无论正在进行的是一场长时间的谈话还是一个重要的会议，他都会情不自禁地站起来伸个懒腰，将长袖T恤或者衬衣向上拉伸，露出凸起的肚子——体重是让他困扰的问题之一，创业刚开始时，他还是个英俊的瘦子。然后，他会把手伸进衣服抓痒——他的皮肤不好，这也是困扰他的问题，或者打个哈欠，睡眠也是他缺乏的东西。

他拥有随时随地睡着的本领。一次年终述职会议上，一个同事正在讲述自己的PPT时，会议室内的人听到了张旭豪的打呼声。这时会议室内马上安静下来，可以想象在场的人会多么不知所措。但这时众人却听到了张旭豪的声音："你继续讲，我没睡着，我听着呢。"他知道大家可能不相信他说的话，马上简要重复一下刚才同事的发言，说："你刚才是不是讲到这个问题了？"

在 2014 年到 2015 年的急速扩张期，饿了么进行了大规模招聘，高峰时期一天就能够入职 100 人左右。这中间总监以上的新同事，张旭豪都要求人力资源副总裁李宝新和自己一起面试。在面试过程中，张旭豪仍然会睡着！已经习惯的李宝新就会跟来面试的候选人解释："老板实在太累了。"

疲倦肯定是原因之一。正常情况下，张旭豪会在晚上三点之前上床睡觉，然后在早上九点钟起床。熟悉他的同事知道他在白天的时候不得不面对不时袭来的疲倦感。当他们发现他不在办公室，也没有在开会时，如果实在有事，他们会到饿了么所在办公楼的业主老板办公室找他。这栋楼的业主是他的朋友，也是饿了么的用户，其办公室宽敞安静，在张旭豪看来，那是个睡觉的好地方。

当然，也会有其他原因。因为我没有亲眼见过他当众睡着，所以还是问了他这个问题。他的回答是："我什么时候都能睡。"在读研究生的时候，他就发现自己拥有这个天赋，因为一边创业一边做导师的项目非常累。后来有一天导师跟他说："你睡着就睡着，别打呼啊。"

饿了么很少会有长时间的会议。原因之一至少是，会议太长的话就容易无聊，而无聊的时候，老板就会睡着。

当然，张旭豪本人也不喜欢开会。有一段时间他要求例会都站着开，对于张旭豪而言，例会嘛，就是很快开完的会。他经常参加的例会包括：周五下午总监以上的管理层例会以及每周关于产品的讨论会。

中国互联网公司中有两家以执行力强著称的公司——京东和美团，它们都拥有早会制度。在京东，每天早上八点半的晨会是刘强东保证公司具备超强执行力的有效方法之一。张旭豪对此却不以为然："我觉得晨会是一种莫名其妙的东西，太死板了。可以通过移动互联网把大家连在一起，为什么还要跑在一起开晨会呢？"

他不喜欢接受采访，也毫不掩饰这一点。他很坦诚地说："我接受采访的时候会睡着。"当时我正在采访他。我参加过一次饿了么的高管例会，在会议上，讲着讲着，张旭豪突然转过来对公司负责 PR（公关）的副总裁说："为什么老是给我安排采访，让我说一些我自己都不喜欢的话。"但是他也知道，熟练地同记者交谈，正在变成他必须要做的工作之一。

周五高管的例会由饿了么的 COO 和联合创始人康嘉主持。康嘉是张旭豪的研究生同学，他们的宿舍紧挨着，经常一起玩游戏，共同萌生创办外卖网站的想法，然后一起坚持到今天。在会议上，康嘉坐在长桌的最中央，讲起话来细声细语，让每个需要展示具体事项进展的高管依次发言。张旭豪则坐在长桌最里侧的桌角处，摆出一副若无其事的姿态。

当张旭豪不说话时，会议进行得很顺利。但是当在角落里的张旭豪决定发言时，他马上就吸引了全场的注意力。而且，并不完全因为他是 CEO——恰恰相反，有时候我怀疑如果不是因为他是 CEO，他会被赶出去。他的话语中有一种霸蛮之气，一开口就是一副激动模样，而每一段话开始时的"口吃"加重了这一印象，"口吃"于他更像是一种强调。

他一边说着话，一边不自觉地开始晃动身体，倾向话语所指的对象，有时候他也会扬起手向那个方向挥一挥，不时还会蹦出几句脏话，讲起话来有种说一不二的气质。比如，当谈到某一个团队面临的一个业务问题时，他给出的方案是："把傻子清理掉，问题就解决了。"谈到业务部门，"我们公司业务部门比较贱，你需要用鞭子抽"。谈到一项总是被违反的规则，他建议的解决方法是："我们这种公司，就是要罚，罚一百万两百万就没人再做了，没有钱就算在股票里。我说得比较极端，但告诉你的是方向。"

但这不意味着他就是一味的简单粗暴，他又有种朴素的公平意识。比如他问新来的 CFO（首席财务官）——一个曾在互联网大公司工作过的资深人士："法务部调到你这里来了？"冷静的 CFO 反问："这儿有法务部吗？"这时候有人接话说："原来有一个人。"CFO 接着问："他有律师资格吗？"接话的人回答："他通过了司法考试。"CFO 说："那算了。"言下之意是此人并不可用。这时候张旭豪插话了："你跟人家交流一下嘛，万一是天才呢？"CFO 回答："会计、法律这种领域不存在天才。"但是看到张旭豪仍是一副不肯罢休的样子，就说："我会看的，我会跟他交流一下。"

会议开到中间时插入了一段 CEO 的独白。张旭豪开始论述公司一定要坚持专注和极致的观点。他高亢的嗓音充斥了会议室的每一个角落，中间点缀着一连串让人印象深刻的句子：

"我们为什么要做许多其他的事情呢？要把业务简化、简化、再简化！"

"管理者不能让下面的人太累。"

"我们现在人越来越多，反而不极致了！"

"生意永远在变，关键是大家要有这种极致的态度！"

经常在他说完一段话，或者在他"黑"过某人之后，会议室内就会响起与会者轻轻的笑声。他的讲话方式和他用的比喻，都让人觉得新奇。比如当一位与会者未能清楚地说出他问到的一个数字时，他就会说："这就是交大和清华的差距……"他也不避讳提到竞争对手，"美团比我们牛的地方，就是他们比我们在数字上抠得细"。（美团创始人兼CEO王兴是清华大学2001届电子工程系的毕业生。）

他难以忍受寒暄，也不想听太多铺垫。同事在跟他谈论某件事情时，一旦有了较为冗长的叙述，他就会不耐烦地打断："不要跟我讲这些，大家都是聪明人。"饿了么的一位高管说："在饿了么工作一段时间之后，感觉自己现在都不会聊天了。"他们全都被"规训"成简单直接、直击重点的谈话习惯，而这可能让他们的家人、朋友都感到不适。新来的高管可能不太熟悉他这个习惯，比如，负责营销的副总裁徐沧钧——也就是拍摄出那段"饿了别叫妈"广告的人，开始时向张旭豪提交了一份数十页的PPT，陈述这家年轻公司该如何做品牌和营销。结果他接到了张旭豪的电话，电话里张旭豪对他说："不要跟我讲这些，直接告诉我干货！"

有时候，正在聊一件事情，张旭豪起身要去上洗手间，他会拽着跟他聊事情的人一起去，这当然会让人不知所措，也会给人压力。据说美国总统林登·约翰逊就喜欢在洗手间同下属开会。不过对张旭豪而言，他似乎并不是要给人压力，而是他对距离感的认知与常人不同。在他还小的时候，他去自己的发小家玩，会一直不停地跟朋友说话，甚至人家在洗澡的时候，他也要跟过去站在浴室门口，继续喋喋不休。

他非常懂得如何向人施加压力。当然，可能完全是出于直觉，但他采用的简单粗暴的方式却能够迅速打破隔阂、建立信任感。不止一位同事说过，他在这方面真的很有天赋。饿了么在2014年和2015年开始大量空降高管。在被问到新老同事的融合是否会有问题时，他的一个同事说："不会，原因是这些人都是被CEO谨慎挑选来的。"如果这些人能够接受张旭豪总是挑战姿态的沟通方式，在融入这家年轻公司上当然难度会小很多。另外一位高管则开玩笑说：当然不会有融合问题，因为我们在Mark面前都是受害者，我们受害者群体会团结一致的——因为不想让人叫"张总"，整个公司都叫他的英文名字"Mark"，早年的创业伙伴如康嘉，则会叫他"旭豪"。

举个例子，张旭豪第一次见到徐大钧时，开口就说："上海人全都是傻叉。"后来张旭豪解释说，他的目的是"因为我知道你心中的上海人是什么样子，我来批判他，然后让你跟我在思想上产生一定的共鸣"，而非真正认同这种以地域区分不同人的方式。

你可以脑补一下上海人徐大钧当时的感受——当然，好在张旭豪自己也是上海人。张旭豪接着说："上海人不行的，互联网行业就没有上海公司做得好的。上海人，想赢怕输，喜欢守着自己的自留地，没有搏性，没有赌性，没有狼性！"70后徐大钧曾经就职于世界500强，2006年自己出来创业，做咨询与IT服务，客户中也不乏世界500强公司。他说，"第一次我就跟他有不同意见"，当然，是"虽然"。徐大钧回忆第一次见面之后的感受："虽然看上去有一点强势，不是很客气，但话糙理不糙。"

尽管很强势，张旭豪却也很懂得照顾创业伙伴的情绪。每一位高管入职，他都会叫上包括康嘉、罗宇龙、闵婕等人一起同新同事聊一下。他解释说："我不想让大家认为就是我一言堂，一个人做的决定。"从携程挖来的CTO张雪峰也说："Mark和James（携程CEO梁建章）都很强硬，但是Mark要更民主。"新华社发表一篇关于张旭豪的长篇人物报道之后，张旭豪专门去问负责PR的副总裁郭光东："怎么整篇文章都是张旭豪？康嘉呢？"以前他发现一个问题，经常会当众劈头盖脸就是一顿痛骂，但从2015年开始，他也越来越知道该约束自己的情绪。

"他是一个有意思的人。"徐大钧说，"人要变成一个有意思的人不是那么容易的。在生活中很多人很有钱很有社会地位，但很没意思。"

成功是一个让人变得枯燥的过程。但是没有过工作经历，直接开始创业的张旭豪却不同，他没有被成熟公司的规则规训与惩罚过。"跟他开会你会经常笑。你在笑的时候，不是因为觉得他幼稚，而是因为他讲的话就像'童言无忌'，话糙理不糙，确实有道理。他的讲述方式让你觉得有意思，因为你身边这种人不多，你会觉得这个人很特别。"徐大钧说。

三

从幼年开始，张旭豪就养成了一些带有竞争性的爱好：拳击、篮球和赛车。他会在重要的拳击比赛时找一家牛排馆请自己的朋友一起去看。尽管身材不高，但是他进入了卢湾区的篮球队，经常拿自己的二级运动员资格证书向哥儿们炫耀。小时候他和哥儿们到上海淮海路的商场伊势丹游戏厅玩赛车游戏，都是在把游戏币全用完后才肯走，长大后他完成了赛车手训练课程，拿到一张资格证。有一次一个朋友让他去试自己新买的车，一辆丰田86轿跑，张旭豪直接在马路上就开始玩漂移。朋友看得又是心疼又是心惊胆战，回来后直说："旭豪胆子大！旭豪胆子大！"

再后来，他终于找到了一个永远不缺乏刺激和竞争的职业：创办一家公司，做它的CEO。

饿了么最开始走的是Sherpa's模式。Sherpa's是一家在上海的高端外卖公司，直到今天仍然同时保持着独立和盈利。张旭豪和康嘉模仿Sherpa's制作了一本有17家餐厅的精美册子，还费尽口舌从上海交通大学旁边的一家别克4S店拉来广告，印了一万册，在整个上海交通大学校园内发。他们还购买了十几辆电瓶车，自己做配送。2008年冬天，外送员都不愿意去送外卖，这家创业公司也开不起那么高的工资，张旭豪和康嘉就自己骑着电瓶车去送。上海的冬天经常下雨，雨水把鞋子打湿，一冬天下来，两个人的脚上都是冻疮。

2008年时，他们面对的第一个竞争对手叫小叶子当家。小叶子当家模仿的是总部在纽约、主打大学生市场的送餐网站Campusfood。和饿了么一样，小叶子当家也把上海交大校园视为自己的主要市场。康嘉说："我们觉得它的模式比较简单，还是有一些道理。"

随着另外两名有技术背景的成员的加入，饿了么2009年也在订餐网站上线了。康嘉回忆说："经过2009年一年，2010年基本上把他们打得差不多了，逐渐地就垄断了上海交大。他们（小叶子当家）那时候就转型了，实际上属于没有坚持。"

饿了么的一名早期员工记得，有一天正在吃饭，张旭豪突然对他说："小叶子当家没了，你知道吗？"这名早期员工也毕业于上海交通大学，在没有加入饿了么之前，他同时是这两家公司的用户。他回答说："啊？是吗？不知道。"但是张旭豪也并没有再说什么，而是继续吃饭。

这家公司从此就作为一个总是被提及的注脚出现在对饿了么创业历史的报道中：一家创始人要成熟得多、资金实力也更强的公司（他们已经毕业，而且都开着轿车），输给了几个没有钱也没有经验的研究生创办的公司。

饿了么A轮的投资人、金沙江创投的合伙人朱啸虎称，小叶子当家的创始人还曾经来找过他，懊恼自己由于没拿到风险投资而错过了外卖O2O这个后来公认的风口。当然，还有更多的投资人也错过了这个风口。后来，我碰到过不止一个投资人，称他们曾经在早期看过饿了么项目，但最终没有推进并决定投资。这让朱啸虎得意不已。

饿了么能够在竞争中胜出，除了所谓的坚持之外，有一个重要的原因是他们的确也做出了一些商业模式上的创新。他们开发了后来被反复提及的面向商家的Napos系统。入驻饿了么的商家装上Napos系统之后，就可以通过这套软件管理订单。张旭豪决定，不再像通行做法那样收取提成——饿了么早期也是按照8%的比例收取提成——而是收取一笔固定的服务费。"一年4820元，半年2750元，三个月1630元。"直到现在，张旭豪仍然能够不假思索地说出这三个数字。

"我一下子收到钱了，他们（商家）确实也觉得方便。其他平台还在收提成，商家觉得使用这一个平台就可以了，很方便，就把所有用户转到我们平台上来。因为其他平台订单少，还要提成，我（饿了么）这儿的固定费用是4820元，商家觉得他们已经付了钱，就要把它用足，全往我（饿了么）这里转。一下子这个模式就把很多竞争对手给干掉了，饿了么就发展起来了。"张旭豪回忆说。

2011年3月，经过一年休学，张旭豪和康嘉做完论文毕业。饿了么也拿到了第一笔投资，是金沙江朱啸虎投的100万美元。饿了么也开始把自己的模式向外复制。当然，这家公司在每一个城市都会遇到一些竞争对手。但是，这些对手大都没有给饿了么形成困扰。毕竟，他们的团队已经在上海交通大学把自己的模式反反复复推敲，使用了三年。而上海交通大学所在地闵行区，用张旭豪的话说，"当时我们感觉闵行区是全宇宙网上订餐最发达的地区，好像学生创业就喜欢做网上订餐，不喜欢做其他东西。"

其中还有一些插曲，一个插曲同黑客有关。2012 年，现在负责饿了么平台产品开发的王泰舟当时大四，正在饿了么实习。他看到北京一家名叫开吃吧的公司把饿了么网站上的餐厅 LOGO 直接拷贝过去放在自己的网站上——饿了么专门雇用了设计师来为自己合作的餐厅设计 LOGO，这也是这家公司得意的一点。书生意气，愤怒异常——王泰舟当天晚上在交大宿舍写了一个程序攻击了对方的网站。结果被对方通过固定 IP 追踪到，写邮件给交大，投诉学生从事黑客活动，要求道歉。"因为感觉那人蛮狠的"，张旭豪就让王泰舟搬到了公司住，"万一找人打你怎么办"。

另一个插曲也发生在北京。当时负责北京市场的康嘉听说，有另外一家公司盯上了外卖市场，创始人在清华大学读书期间也发现了人们对外卖的需求能成就一家大公司。这家名叫千里千寻的公司在 2012 年的 10 月份冲进市场，做了一个名叫外卖单的产品。而且对方直接以 3 倍的工资从饿了么挖人，希望能够快速复制饿了么的模式。那时饿了么只开了一处白领外卖区域，就是北京科技公司云集的上地。两家公司在这个地区开始了后来已成为常见态势的消耗战。"我们做活动时最高减免两块，他们一进来就减六块。"康嘉说。在 2013 年 9 月时，外卖单决定停止消耗战。如今，在苹果商店，已经搜索不到外卖单的应用。

"当时我们的竞争对手主要还是创业型公司，包括遍布全国各地的大学生外卖，非常多，有点像团购网站。因为外卖有本地属性，门槛不高，只是扩张难度很大。我们当时在北京打得也蛮有自信的，基本上在北京两年，该灭的都灭掉了。"康嘉回忆说。

2013 年 6 月 17 日，阿里巴巴集团旗下淘点点开始发力。这是第一个巨头公司进入外卖市场。淘点点的自我介绍是："承载阿里所有移动互联网的期望进军生活类平台，继承了阿里的纯正血脉，同时也肩负着阿里由电商平台向生活服务类平台的拓展延伸及阿里O2O战略，要打造生活版的'淘宝'，定位为'移动餐饮平台'，使命巨大。"在北京，代理淘点点外卖业务的公司"招财猫"，招募人员拓展餐饮商家，谈一个入驻商家就奖励一定现金。在另一个重点城市厦门，2013年12月20日淘点点召开发布会宣布自己是"吃货神器""生活版淘宝"，通过和地方门户论坛合作发展外卖商家。签约商家赠送阿里云手机，并且动不动就有50%～100%的消费返利。

淘点点的确曾经让饿了么紧张过。康嘉就发出感慨："我们这点子弹，怎么跟他们打？"但是没过多久，饿了么的一线业务团队就发现，淘点点并不能真正对饿了么形成威胁。当时在北京市场，现在负责饿了么BOD团队（自营配送团队）的李立勋说："那个时候淘点点到处补贴红包什么的，好像还蛮凶的。"

"后来因为在市场上一条街一条街扫过去，过程当中就发现它没有真正地渗透。尽管当时淘点点宣称自己订单量多少多少，只要淘宝开个入口，导流非常简单。但O2O订单如果没有密度就没有任何效率，甚至商家都感觉不到有多实用，越调查就越发现威胁其实不是很大。"康嘉说。

订单缺乏密度，一家入驻餐厅每天只有一两个订单，反而会给餐厅造成困扰，因为大部分餐厅还是以做堂食为主。饿了么的经验是，超过5单餐厅会觉得效果不错，超过10单就会变成不可忽视的销售来源，超过50单时，餐厅就会主动组建一个团队来做。

一篇报道中提到，张旭豪在淘点点入场之后曾经去找B轮投资方经纬创投的创始合伙人张颖交流，张颖说："巨头来了，说明你们已经到风口了。"只不过，当时的淘点点，无论阿里巴巴声称自己怎样重视，都看不出这个互联网巨头有拼死一击、彻底搏杀竞争对手的凶狠。

在张旭豪开始读初中那一年，父亲张志平带着他去四川路买自行车。张旭豪看中的是一辆价格一千多块的自行车。因为富养，这个孩子从小就不肯将就，什么都要最好的。张志平回忆说："他说他很喜欢那辆自行车。我说可以给你买，但有一个要求，你要自己骑回家。"于是，他教这个12岁的孩子，从四川路走到北京路，然后沿着北京路一路骑行，经过成都路、复兴路、淮海路，最后回到思南路的家，横跨虹口、徐汇和卢湾三个区。

你要得到想要的东西，总要走一段很远的路。张旭豪和他的团队已经走了很远。不过，另一个凶猛的巨头也正在前来的路上。

四

关于美团要进入外卖市场的消息不时传来。

当然，这并不稀奇，因为淘点点已经冲了进来。人人网和58同城也都号称自己要在这个领域发力。"有一点点量级的，会被别人关注到的都在做。"李立勋说。

王兴早已阐述过他的T型战略。团购形成的巨大流量和用户群是美团纵横捭阖的基础，但团购只是入口和土壤，美团接下来想要的是，借助团购形成的入口和土壤，在一个个的垂直领域发力，迅速抢占市场。《中国企业家》杂志采访过的一位投资人匿名评价美团说："如果拿武器来比较的话，美团像一根大棒，不够锐利，但是它很大，有很多可能。现在需要在大棒上插针，针插多少、插在什么地方，是美团现在比较重要的事情。当针插得足够多时，这根大棒就变成了狼牙棒。"

2012年，美团选择插针的领域是线上电影售票。猫眼电影迅速冲到了行业第一，但也为美团树敌无数，有如淘宝电影、微票儿等巨头背景的公司，也有时光网、格瓦拉等创业型公司。2013年，美团选择的领域是酒店。同样，它把去哪儿网和携程都变成了自己的敌人，顺带还有一群小创业公司。接下来，一路攻城略地、士气高昂的美团，把目光投向了外卖市场。

李立勋当时正在北京。他出生于1989年，是张旭豪和康嘉上海交通大学的学弟。上大学时就是饿了么的用户，用完之后还热衷于给饿了么网站上留的电子邮件地址发邮件，提各种建议。每次给他回邮件的人，名字就叫张旭豪。有一次他写邮件说，建议饿了么开展洗衣业务，因为包括他在内的同学也有类似需求。张旭豪直接回一封邮件：我们现在专注做餐饮，其他东西暂时不考虑。

2011年毕业之后，李立勋到加拿大读了一年研究生。暑假回国，到饿了么待了一个月，假期结束时，张旭豪问他："你还回去吗？"就这样，李立勋加入了这家创业公司。尽管他当时的奖学金换算成人民币是一个月两万，而张旭豪给他的工资是一个月四千元。张旭豪还跟他说："你是公司第一个管培生，需要在各个部门轮岗。"在上海换了客服、设计、业务等部门之后，李立勋就和罗宇龙一起去了北京，去开拓北京市场。

知道美团网准备进入外卖服务市场后，李立勋决定自己去看一下。那时是2013年的9月，美团网的总部在北京北苑路上的北辰泰岳大厦。知道美团正在进行产品内测，他挑了一个早晨，去北辰泰岳大厦看美团网计划要如何做外卖——美团对外卖产品的内测，就是针对当时美团办公楼发放传单，有真的用户，也有真的商家，只是仅限于这个区域。

"我去看他们怎么发传单，一看跟我们发的一模一样。想看看他们到底怎么做，于是我就混进了北辰大厦，非常尴尬的是，美团那时候从我们公司挖了人过去，在电梯里面还遇到了熟人。他问我你怎么在这儿，我回答说，去找你们老板谈点事情。"李立勋说。

他去观察了几次，也把自己看到的情况在公司的群里讲了一下。但他自己的判断是："我不认为他们做得有多好，我觉得跟我们做得差不多，也没什么新思路，而且在那里测试了很久，都没有往外铺。"当时大家在讨论到未来的竞争格局时，包括他在内的一线人员认为，来势汹汹的淘点点才是最主要的竞争对手。CEO张旭豪则有不同意见："我不担心淘点点，我担心的是美团。"美团在"百团大战"中杀出血路崛起为小巨头的过程，正好是张旭豪、康嘉等公司创始员工辛苦创业的时期。美团的强悍，让他们印象深刻。

2013年底的时候，康嘉、美团高级副总裁王慧文以及另外两家外卖公司创始人在北京一起参加论坛。康嘉和王慧文还互相加了对方微信。王慧文是王兴的大学同学和一直以来的创业伙伴，后来的美团外卖业务就由王慧文负责。康嘉回忆说："那时候他说有些模式他们一开始看不见，后来看不起，再到后来看不懂、追不上。我还说，挺好的，这个市场能够热起来，对饿了么是最有好处的，大家一起来把这个蛋糕做大。"

2013年11月，饿了么刚刚宣布获得2500万美元的C轮融资，红杉资本领投，前两轮的投资方金沙江和经纬跟投。他们抵御住了不止一个竞争对手的进攻，刚刚获得一笔巨额的融资——前两轮饿了么一共才融了700万美元，现在有理由放松一下了。也是在这一年，饿了么开始有年度出国游，这一年的目的地是新加坡。

不过，在去新加坡之前，他们还是多了一个心眼。学习了美团的经验，也为了抵御美团的进攻，饿了么开始和自己平台上的商家签署独家协议。跟商家签独家协议，是美团在百团大战中沉淀下来的经验，"他们会很果断告诉你，二选一。他们有这样的勇气，也发现二选一后留下来的商户足够支撑它的 GMV（成交总额）"。饿了么资深副总裁闵婕说。美团扮演了老师的作用。于是，"我们去新加坡之前，一周全部在连夜签独家协议，差不多每个大区都完成任务，然后开开心心去的新加坡"。

2014 年开始之后没多久，张旭豪又敲定了同大众点评的合作以及大众点评的投资。这笔投资是张旭豪同大众点评 CEO 张涛一个下午聊出来的。敲定之后，张旭豪给团队的一些成员打电话，告诉他们这件事情。接到电话的闵婕回忆说："晚上 Mark 给我打电话说，大众点评给我们融了多少多少钱，然后接下里我们要干什么。我在电话里就傻掉了，但是很开心。"

尽管接受大众点评的投资就有了"站队"的嫌疑，但是包括金沙江朱啸虎和经纬丛真在内的早期投资方都建议饿了么接受这笔投资。原因是在历次沟通之中，大众点评的团队显示出了他们的诚意，而两人评估后也认为，"站队"的好处超过了由此带来的潜在风险。

连续敲定两笔投资，公司估值也在不断上升。张旭豪和他的团队都雄心勃勃想要去做更多的事情。在接受大众点评投资之后，张旭豪曾经接受过一次《财经天下》周刊的访问，在采访中，他声称自己要做餐饮界的淘宝和天猫，并且说接下来要做配送，自建物流或使用第三方物流——绕了一圈之后，张旭豪对待配送的态度回到了他刚刚在大学校园创业时，只不过现在不需要他和康嘉等公司创始人再去骑车送餐。

但他还是低估了美团，也低估了这一阵风能把他和饿了么吹到多高。

2014 年 2 月，在一次会议上，张旭豪称必须要加快步伐了，因为竞争对手们都在蠢蠢欲动。闵婕回忆说："当时我们计划年底要开到 20 个城市。"事实上，2014 年底时，饿了么进入的城市超过 200 个。

而在人数上，经过了上半年的高速扩张之后，2014 年的 8 月 1 日，饿了么的员工数量达到了 1000 人。人力资源负责人李宝新还特意发了一封邮件，告诉公司的核心成员，饿了么已经突破了 1000 人，"公司已经进入了快速发展的车道"。但是另一方面，心里没底的李宝新去找张旭豪商量说，"你给我个底吧，到年底的时候我们可以招多少人？2000 人？"张旭豪摇了摇头："不行，太快了。1500 人！"那时是 2014 年 8 月 15 日。事实上，到 2014 年年底的时候，饿了么的员工数量已经超过了 4000 人。

罗宇龙也说，2014 年上半年"发改委"成立之后，第一件事情是估算未来可能会有多少员工，"我们要用办公系统管理，然后我们到外面采购一套系统，我还记得当时采购的时候我手抖了抖，这个账号买多少呢？买 800？还是买 1000？狠了狠心买了 1500。结果马上就不够用了"。当然不够用，到 2015 年底，这家公司已经拥有了超过 15000 名员工。

别提准确预知，甚至没有人能够较为接近地推测出接下来这家公司的扩张速度。张旭豪和康嘉等人从 2008 年开始创业，到 2013 年年底，饿了么对外宣布进入了 12 个城市，员工不过 200 人左右。而美团当时的团购业务已经进入了将近 200 个城市，交易额超过 160 亿，拥有超过 5000 名员工，并且实现了年度盈利。

"（看到这组数字）王兴肯定笑了。你五年做些点城市，我稍微拓一拓，你有可能就追不上了。首先你的管理半径太小，管不过来。"康嘉说。

主导着饿了么和美团外卖竞争的打法，后来张旭豪和康嘉将之称为"核弹理论"。康嘉转述了一段他听到的话，大意是，只要饿了么没把美团外卖弄死，美团很快就能把饿了么弄死。康嘉说，自己听到后的第一反应是，"美团创业多少年，管过多少人，打过多少场硬仗？想要扳倒美团，哪有那么容易！但在这个行业里，想拖垮我们也还没那么容易！"

张旭豪自己的"核弹理论"是：对付核弹，最好的方式是，直接扔一颗回去。

张旭豪一度对美团心存愤怒。在美团开始重兵进入外卖领域前后，他同美团的创始人王兴、王慧文都有过交流。美团甚至曾经对饿了么开出过一个价格。当然，这个价格在张旭豪看来根本不能接受。美团外卖的迅速崛起和对饿了么的冲击，让后者认为美团有以投资或合作为名来了解整个方法论，然后再借助经验、管理能力和资本来同后者展开竞争的嫌疑。朱啸虎说，在开战之后，张旭豪曾经拿着手机给他看王兴和他之间的短信。但在王兴看来，他在 2014 年 3 月第一次同张旭豪见面时，美团外卖已经上线，张旭豪也已经明确知道美团正在进入外卖领域，并不存在美团刻意向饿了么套取行业方法论和信息之说。

这两个人，一个人是连环创业者，被誉为新一代创业者中的领袖级人物，能力、眼界和雄心都不亚于上一代的马云等互联网领袖；另一个人则是第一次创业，从未有过管理公司的经验，却对商业有着惊人的直觉和判断力，他性格倔强、强势、专注以及无所顾忌，生就一副枭雄之相。

美团在团购市场扫平诸侯，在电影与酒店领域都迅速切入，直接面对着有 BAT 做背后支持的对手或如携程这样的老牌巨头。但在外卖 O2O 领域，它最大的对手，却只是一家初创公司。这家公司，和美团一样信奉纵情向前，拥有着极强的学习能力和执行能力。

"Mark 说，要跟美团死拼到底。"李立勋回忆说，"当时我们做了那么多年，我们认为三、四线城市没有业务量，但当时听说美团有计划要覆盖时，Mark 就说也要覆盖，跟着打，不能给它一点机会。"

2014 年 3 月中旬，第一次"核战争"开始。拓展新的城市，就需要有成熟的员工离开北京、上海这些大城市到陌生的二三线城市"开城"。饿了么上海总部一位名叫唐彬彬的员工被选中了。他说，"领导，请给我半天时间。""你要半天时间干吗？""容我回家结个婚。"

为了加快速度，闵婕自己去把所有候选名单拿出来，考察了一圈的结果是，饿了么在 2014 年 3 月就可以扩展到 20 个城市——这是原定的 2014 年整年的目标。

但是，按照他们监测到的美团外卖的数据，"发现美团扩展得很快"。于是，他们开始迅速跟进美团外卖进入的城市，最终的结果，按照闵婕的描述，"在上半年差不多双方持平，大概在 60 个城市"。

第二次"核战争"就发生在文章开始时。张旭豪、康嘉、罗宇龙、闵婕等人在看到罗宇龙拿到的数据之后，震惊地发觉饿了么有了落后的危险。而且，"发现美团可能会在 9 月开到 120 个城市"。

美团像一辆全速推进的战车，装备精良，补给充分。而这一边，过去半年的高速扩张，已经是张旭豪和他的团队创业以来最为刺激的经历了。闵婕回忆说："我们觉得，跟吧，但非常非常痛苦。因为我们没有足够的人才，相对应的内部沟通体系也不完善，软件系统都没有开发，还是蛮难的，只能靠帮带，传递士气来 hold 住整个盘子。"

但是张旭豪又一次让整个团队觉得震惊。他说，"我们把整个盘子做到极致！直接把筹码押到最高！200 个城市！"

"Mark 那个时候真的很牛。"闵婕说。

美团从 2014 年 9 月份开始增加补贴，饿了么选择的策略同样是跟进。"加大补贴"和"扩张"成了竞争的主题词。外卖 O2O 成为继出行之后第二个火爆的战场。

为了迅速开疆拓土，也为了在新的城市同最大的竞争对手美团外卖抗衡，同时也为了不被速度本身甩下，饿了么随后迅速进行了三天的培训、述职以及拳击对抗课。"要招这么多新人进来，要让他们去打仗，让他们迅速有战斗力，要打鸡血！"闵婕回忆说，"以前负责一个学校的人被提到某一个城市的总经理。基本上把内部抽干了，所有人全部被提拔上来打仗去了。"

张旭豪从小就喜欢拳击。在同美团外卖的竞争全面开始之后，饿了么的高管和员工也都会接受拳击课程。小时候，有一次他问自己从小到大一起玩的朋友张加乐："泰森和奥尼尔打的话，谁会赢？"张加乐觉得这个问题根本没有办法回答，一个是拳王，一个是 NBA 的超级中锋，就像关公战秦琼。

但是现在，这却变成了一个真实的问题。2014 年曾经流行过一个说法——"跨界打劫"，即你的竞争对手可能并不来自于你的行业，而是从另一个行业突然强势进入。美团无疑就是"跨界打劫"的高手。

所以，泰森和奥尼尔打，究竟谁会赢？

五

康嘉说，整个 2014 年，饿了么增长了 8～9 倍，2015 年是 5～6 倍。

高速度本身就是一场压力测试。

2014年时，饿了么年轻的财务经理，一个年轻的女孩，每一次开会都会哭。数对人头发对钱，成为一项挑战。因为这家公司的人员扩张速度以及流动都超出了原本财务部门的承受能力。不过，当一个女孩哭泣时，易怒的张旭豪反而不再发火。

饿了么的004号员工，"四大饿人"之一邓烨负责客服部门。在2014年8月份时，客服部门的日均来电量还在2000个左右，因为加大了补贴、增加了业务涉及城市的数量，到10月份时，日均来电量飙升到了10777个。只有50人的客服部一下子不堪重负。客服部门所有同事都要到下午两点到三点才能有时间吃东西，吃完之后又需要马上回来。因为下午四点到七点又是一个订单高峰期。即使如此，接听率也从之前的接近100%下滑到了不到60%。

饿了么人力资源部的同事在办公软件上批入职，就要批到深夜。因为在高峰时期这家公司以每天100人左右的速度在引进新同事。

产品经理第一次修改了对商家应付账款的到账时间时，业务部门情绪激动的同事冲进办公室，找到负责产品的王泰舟，把自己的衣服领往下扯，让王泰舟看脖子上的红印，嚷嚷道，我们在外面打仗，你还害我们被商家打。情绪没那么激动的同事会选择打电话。当然，接听率同样得不到保证，因为产品同事的电话已经被打爆了。后来公司索性下达了一个通知，各地的市场经理不得直接打电话给产品、技术以及财务部门。

"后遗症我2015年再解决。速度有点快，管理结构搭得不是非常好，更多时候是我们一群人在解决事情。后来，其实我觉得，管理结构是有问题的。2015年实际上我们是在梳理管理结构，而且我觉得梳理到现在也快差不多了。"康嘉说。

2015年3月份，康嘉正式出任COO。原来的大区制被改变成事业部制，划分为高校事业部和白领事业部——这个组织架构在2016年初被再次调整。饿了么在河南建立了一个呼叫中心。今天两万五千左右的呼叫量，也可以保证95%~98%的接听率。大量高层被引入进来，他们拉高了这家公司的员工平均年龄。他们有了新的CFO、CTO、负责营销的副总裁、负责PR的副总裁。为了从携程把现任 CTO 张雪峰挖过来，饿了么的第三号员工汪渊还主动提出把自己 CTO 的头衔让给张雪峰。这让张雪峰颇为意外。在他的印象中，这几乎是从未发生过的事情，那些联合创始人中有 CTO 的公司，即使是一个非常小的公司，往往也只会再去找一个技术副总裁。

不过，所有这些压力测试都建立在另一个压力测试之上：找钱融资的速度是否能够支撑得起公司增长的速度。

当然，对于张旭豪而言，还有一个问题是，他是否能保持自己的强势独立地位。他的风格如此强势，以至于即使他自己认为有可能会在高速的竞争中出现各种问题，无论是被击败还是被资本抛弃，同事们也认为这些事绝对不可能发生在张旭豪身上。比如，当我提出是否有过片刻担心公司会在竞争中落于明显下风时，闵婕就反问："旭豪这种人，怎么可能认输？"

进入 2013 年之后，饿了么的融资速度越来越快，融资的规模也越来越大。在饿了么，融资就是 CEO 张旭豪的工作。张旭豪自己说，他需要花 40% 左右的时间在融资上。一提到融资，他马上陷入沉思，下意识地算自己融到了几轮。他从小到大接受的关于如何使用钱的教育并不算少。

张旭豪出生在一个商人家庭。他的祖父张韶华在民国时期是上海工商界的知名人士，从白手起家发展到拥有五家工厂，是上海滩的纽扣大王。"（张韶华）在上海工商界的排名在前 1000 里"，张旭豪的父亲张志平说。很小的时候，开始经商的父亲就让张旭豪在家里数钱，不顾妻子在旁边大喊钱经过太多人手会太脏。但张志平却说要教给儿子对钱的正确认识，"我的小孩要学会用钱，再学会赚钱"。

1997 年香港回归那天，张志平让儿子不用考虑回家时间自己到外面玩。结果凌晨儿子跑回来敲门，说有人在卖回归纪念章要不要买。张志平直接递出去一百块说，你自己决定。从同济大学到上海交通大学读研究生时，张志平一次性给了张旭豪十万块，说生活费不要再问我们讨了。后来在解释为什么这么做时，张志平说："给他这么多钱，就是要他自己学习自控和自理的能力，自己来管理钱。"

很显然，这些钱中的一部分，被张旭豪用来创办他的第一家公司，也就是今天的饿了么。

按照已经公布的数据：A 轮之后，2013 年的 1 月份经纬中国和金沙江创投 600 万美元 B 轮投资饿了么；2013 年 11 月，红杉中国领投了 C 轮，2500 万美元——红杉中国也是美团的投资人；2014 年 5 月，大众点评战略投资 8000 万美元,D 轮；2015 年 1 月 28 日，中信产业基金领投了 E 轮 3.5 亿美元，此时腾讯系纷纷入场，大众点评继续跟投，腾讯与京东也入场跟投；2015 年 8 月 28 日，宣布 F 轮系列融资 6.3 亿美元；2015 年 12 月 17 日，同阿里巴巴集团签署投资框架性协议，阿里巴巴集团投资饿了么 12.5 亿美元。

D 轮时，有过"引狼入室"的争议。"当时的顾虑主要是大众点评是有潜在竞争可能的，接受大众点评的投资会有风险。综合考虑之后，我是支持推进的，原因有二：一是大众点评的投资条款和商务合作安排比较公平，显示了他们开放合作的心态和对盟友的尊重；二是我觉得张涛行事素有君子之风，我相信他能遵守承诺。"在 B 轮投资了饿了么的经纬中国合伙人丛真回忆说。最早投资饿了么的金沙江创投合伙人朱啸虎则说："大众点评达成投资意向很快。基本上所有条件都没法拒绝，几个月时间价格翻了 3 倍，这个价格没法拒绝。"

一方面，现在中国互联网的巨头格局让一些小型独角兽公司的生存空间受到挤压。但另一方面，可以说饿了么亦受益于这种格局。在团购和本地生活业务上，大众点评是美团的主要竞争对手。大众点评接受的是腾讯的投资，美团接受的是另一巨头阿里巴巴的投资。美团的 T 型战略和王兴的雄心壮志，让美团自己先后冲入在线电影售票、酒店预订和外卖服务领域，而大众点评的方式则是投资相关领域的公司。在这种竞争格局之下，大众点评投资饿了么变得顺理成章，而腾讯系公司也在 E 轮相继跟投。饿了么成为一家有巨头背景的创业公司。

但即便已经被视为"站队"，E 轮融资时，张旭豪仍然度过了惊魂一刻：一家已经签署了投资协议，并且已经给了定金的美元基金，突然宣布不能再继续领投。张旭豪回忆说："跟他们谈得蛮好的，大家一拍即合。后来，做着做着，突然，他跟我说资金上有些顶不住，内部压力比较大，然后就放下了。"

幸运的是，原本是跟投的中信产业基金决定领投。"一般来讲，领投的基金走了是很尴尬的一件事，跟投的人有可能都走掉。"张旭豪说。

但时过境迁，他倒也觉得无所谓："任何商业行为人家都有自己的道理。也都是在按流程走，该怎么样就怎么样。我当然也很失望，如果那时候能和他们合作，也可能未来发展会更顺风顺水。对我来说有一点打击，但我觉得，这就是碰到问题解决问题。"

F轮融资时，饿了么的财务顾问华兴在发出新闻邮件15分钟后，撤回邮件。一时之间关于饿了么F轮融资造假的新闻遍布互联网。尤其是在当时所有人都在谈论资本寒冬加大了融资难度，以及O2O行业的烧钱竞争难以为继。华兴资本和饿了么都发布了声明，称华兴资本撤回邮件，仅仅是纠结于F轮融资和F轮系列融资的措辞细节问题，而非融资事件本身。事后张旭豪同样很淡定："也就是一些细节嘛，我觉得无伤大雅。"华兴资本的CEO包凡也称，这件事情并不会影响两家公司之间的关系，"你可以去问Mark，他依然把我们当朋友看"。

紧接着，最大的竞争对手美团同自己的重要股东大众点评合并。对于饿了么及其投资人而言，这起合并在之前也并非完全天方夜谭。在F轮融资的投资条款中，已经加进去一条，如果大众点评和饿了么在外卖业务上的主要竞争对手合并，那么大众点评将退出饿了么的董事会席位。但张旭豪第一次被投资人告知大众点评将同美团合并时，他的反应仍然是，"我觉得确实比较突然"。

当然，"最后也能理解，大众点评有很多困难，现在也解决不了。它在融资上也有很大压力"。

"没有办法，只能接受这个现实。"张旭豪说。

他的同事们则提及，在美团和大众点评合并之前，大家在一起开会时，就会有人在无意中提到这种可能性："大众点评最后不会怂了吧？"

美团与大众点评合并之后，张旭豪同王兴见过数次。对于饿了么和美团外卖合并之后成立一家新公司的可能性，"如果是我们来主导这家公司，我们并不是很排斥的。但如果是对方来主导，我们肯定是比较排斥的。"张旭豪说。

他的一些投资人认为美团开出的条件和价格"缺乏诚意"。但是包凡却说，对于张旭豪而言，独立几乎是必然的选择，跟价格无关。因为张旭豪总是会选择自己来掌控公司命运。王兴当然也是如此。张旭豪自己也说，他同王兴在一起时并没有谈论价格，而是"谈理想"。他们之所以没有合作，原因是"对未来的想法还是不一样"。

华兴资本是饿了么的财务顾问，也是合并之后的新美大的财务顾问。包凡同王兴和张旭豪也都是朋友，虽然他这两个朋友实在不同。王兴和包凡都喜欢读书，包凡还想要组织一个固定的读书会。而张旭豪则会毫无顾忌地说，自己读过的书估计没超过十本，尽管办公室也放着一些书，"但都没看过"。

合并让饿了么面对的格局再次发生变化。昔日的盟友变成了对手，而对手却会成为盟友。阿里巴巴集团执行副主席蔡崇信牵头在做对饿了么的新一轮投资。等到这一投资最终敲定时，饿了么的估值将会接近50亿美元。张旭豪和他的团队的梦想将进一步放大。在发展的初期，早期投资人朱啸虎和丛真对这家公司的期待是，它或许某一天能够成为一家十亿美元的独角兽公司。而现在，他们期待的是一家数百亿美元的公司。

在这期间，张旭豪见了一次马云。我问他："你跟马云见面聊了什么？"张旭豪说："他问了问我的创业经历，也谈了自己经营公司的理念和对未来的看法。"

在他小学一年级的时候，有一天放学，张旭豪自己一个人往家的方向走。天渐渐黑了，他还是没有走到自己熟悉的道路上。他迷路了。

他看到路边一个男人手上拿着一部大哥大刚刚打完电话——这在90年代初是富人的标志。于是，他走上去叫："阿舅，我要到雁荡路小学，这个路我不认识。你能不能陪我走到淮海路，到淮海路我就认识了。"

"人家一看他嘴很甜就说，好，我给你叫一辆车。给了司机二十块钱，直接送到我们弄堂口。我问他，你怎么搭车子回来的？他说，我迷路了，碰到一个好人，他不肯陪我走，但给了钱让我坐车回来。这种事情他都碰得到。"张旭豪的母亲回忆说。

这个故事传递出的意象基本就是张旭豪成年之后创办公司的经历：他在寻找方向，他需要钱；有人给他钱，让他往该去的方向前进。无论你觉得他和这家公司走到今天，是因为他的确又坚持又努力，或者是因为幸运或资本驱使，他终究是做到了。这家公司如今出现在各种独角兽公司的排行榜上，张旭豪和他的创始人团队也成为各种评奖和论坛的常客。

不同之处在于，现在张旭豪绝对不会承认自己曾"迷路"。他用年轻人特有的骄傲回答说，他很清楚自己在做什么和要做什么，他"没有困惑"。他称自己清晰地看到了未来。这个未来由一些他们自己经常提及的词语构成：分布式仓储、即时物流、交易平台。他希望这些词语加上资本、再加上日益扩大的团队，能够构建出一家新的平台公司。

当然，在未来到来之前，没有人知道它的准确模样，因为一切仍在高速变化。

单元思考

马 云

从外界来看，可以说自从1999年在杭州创办阿里巴巴以来，好运就一直在眷顾着这个小个子的杭州人。但其中甘苦，也许只有马云和他的创业伙伴们可以感知到。马云踏上的是一条"光荣的荆棘路"——在以童话写作著称的安徒生的一篇文章里，他写道："光荣的荆棘路看起来像环绕着地球的一条灿烂的光带。只有幸运的人才被送到这条光带上行走，才被指定为建筑那座连接上帝与人间的桥梁的没有薪水的总工程师。"踏上这条路的人，会"得到无上的光荣和尊严，但是他却得长时期面临极大的困难和失去生命的危险"。

刘强东

刘强东清楚外界对于他和京东商城的疑虑。但是他对此不屑一顾，认为这只是因为京东不符合评论者的经验认知才招致批评。"老实说，任何行业成功的公司，都是突破了我们的常识和经验后才能成功。符合人们的常识和经验的企业，要不就是垄断行业的国企，要不就只能变成一家平庸的公司。"他对公司"成功"和"竞争"有着不加掩饰的热爱。"只做第一，不做第二。"刘强东喜欢这个曾经挂在京东商城苏州街办公室的标语。

张旭豪

成功是一个让人变得枯燥的过程。但是没有过工作经历，直接开始创业的张旭豪却不同，他没有被成熟公司的规则规训与惩罚过。跟他开会你会经常笑，你在笑的时候，不是因为觉得他幼稚，而是因为他讲的话就像"童言无忌"，话糙理不糙，确实有道理。他的讲述方式让你觉得有意思，因为你身边这种人不多，你会觉得这个人很特别。

第 2 单元 创意如何产生

滴滴：速度之子程维

李翔按

程维已经成为当下中国最火热的创业明星。

在我们见完面之后不到一年，滴滴出行同优步（Uber）之间的战争也宣告结束。优步宣布通过将优步中国同滴滴出行合并，换取滴滴出行20%的收益权，但仅有5.89%的股权——这一复杂的安排是为了保证程维和创始团队仍然手握滴滴的控制权。合并之后的滴滴出行，市场估值高达350亿美元，是全球最有价值的初创公司之一。

特拉维斯·卡兰尼克——他是硅谷全世界最火热的创业明星，当初曾信誓旦旦要在中国打垮滴滴。优步在中国也的确势头强劲。它同此前进入中国的美国科技公司如微软、雅虎、谷歌等都不同，优步更加灵活，也更加凶悍。我一度认为它会在中国取得成功，打破跨国科技公司难以在中国立足的怪圈。

不过，优步的投资人和卡兰尼克最终还是选择同滴滴和解，而不是继续在中国大把地烧钱，维持一场同滴滴之间的昂贵竞争。但是程维的挑战仍未结束。这一次，他需要适应各地的网约车管理条例，包括北京、上海等在内的城市，出台了网约车管理条例，管理条例不但对车辆本身做出了要求，还要求网约车司机必须拥有本地户籍。

这就是创新者的命运，他必须要面对种种不适。因为，他做的事情，不是为了融合到已有的环境中，而是要改变已有的环境。

> 唯一的竞争优势，是具备比你的竞争对手学得更快的能力。在全球化的竞争场中，每一个回合的打斗之间，没有片刻休息。
>
> ——杰克·韦尔奇（美国 GE 董事长兼 CEO）

超过 160 亿美元的估值让滴滴快的成为中国最大的互联网公司之一。做到这一点，程维和他的团队只用了三年。尽管面临着来自 Uber、监管层和其他细分领域竞争对手的挑战，程维认为，滴滴快的是一家可以抵达无限高度的公司。

一

未来。

当你出门上班，你用手机查了一下从住所附近到 CBD 的巴士班车。它不会像今天我们在站台等候的公交车，你不知道下一班什么时候开来，对它的拥挤程度也颇为头疼。你要乘坐的班车是准点的、有座的，而且是直达的。目前，至少有 70% 的人会选择坐班车出行。

你也可以选择拼车出行。强烈的环境意识已经让一个人开一辆车出门变得有负疚感。而且，如果你自己开车，愿意通过一个拼车平台顺上一两个人，它既可以产生一部分收入，更妙的是它还产生了新的社交机会——毕竟，你可能跟自己的拼车对象有着相同的生活或工作半径。

但是当你有急事要出行，又因为种种原因不能开车——可能是因为限行，也有可能你因为没有摇上号根本还没能买到车，你可以直接用手机招来一辆出租车，或者更加舒适的专车。当然，毋庸置疑你要付出更高的价格。

所有这一切都由一个虚拟的秘书来帮你安排。你可以称它为一个系统、一套算法，或者像电影《超体》中的斯嘉丽·约翰逊一样无处不在又无所不知的智能物种。它像苍穹一样覆盖一切，但它会为你服务。

这是程维版本的未来。坐在中关村软件园的办公室里，程维认真地描述这个未来。

程维是一名出生于1983年的中国创业者，在2012年离开了供职8年的阿里巴巴集团，并在那一年的6月创办了一家试图帮助行人快速打到出租车的公司——滴滴打车。公司的产品是一款手机APP。通过这款装在智能手机上的APP，司机和乘客可以更高效地找到彼此。在度过了最初为生存而挣扎的那段时间之后，这家公司迅速发展起来——用"发展"其实并不足以形容这家公司的成长速度，它更像是裂变，像是中子撞击原子后释放出巨大的能量。在这里，资本撞击了移动互联网。

他经历了永无宁日的竞争，并且仍然在经历。最初，滴滴打车必须要和先其一步创办的摇摇招车竞争。随后，它发现自己的真正对手是一家由其在阿里巴巴的同事在杭州创办的公司快的。滴滴和快的开始了著名的"补贴大战"。在两家公司背后，又分别站立着两家中国互联网巨头：腾讯和阿里巴巴。正当所有人都看得目瞪口呆，并且猜测这场战争将会怎样收场时，两家公司在2015年春节前让所有人大吃一惊地宣布合并。同时，两家公司为这次合并起了一个让人难忘的名字——"情人节计划"。这次合并拉开了2015年独角兽初创公司的合并序幕：58同城和赶集网、美团网和大众点评、携程网和去哪儿网。

但合并之后，战争也没有停息。一头风格强悍的美国"独角兽"闯了进来。超过500亿美元的估值使得Uber成为全世界未上市科技公司中估值最高的一家。因其共享经济的理念，Uber也几乎算是当下全球最酷的公司。无论在美国还是在欧洲，Uber都是一边备受追捧，一边饱受责骂。赞美它的人认为它站在未来的一边,无论是其商业模式中的共享经济,还是它极为扁平的网状组织架构;批评它的人中有 Uber 模式的受害者,比如出租车公司(在一些报道中,他们称 Uber 为"强盗资本家"),也有监管者、法规和习俗。

他们在对未来的理解上产生了分歧。

Uber 创始人特拉维斯·卡拉尼克版本的未来和程维版本的未来不同。卡拉尼克希望能够建立一个"像自来水一般可靠的交通网络,无处不在,有求必应",可以运送人,也可以运送其他东西。Uber 围绕着车辆,滴滴快的围绕着人。当然,关于这一点,因为进入了自动驾驶领域,拉里·佩奇和伊隆·马斯克也都有各自版本的未来。在这些形形色色未来中,不会再有人购买车辆,人类驾驶可能违反法律——原因是太不安全。

未来稍显遥远,扑面而来的现实可一点都不留情面。同样是通过补贴的方式,滴滴快的和 Uber 中国在 2015 年上半年开始了消耗现金争抢市场的战争。两家公司直接对抗的产品,是 Uber 中国的"人民优步"和滴滴快的的"滴滴快车"。

"Uber 认为全球是一个平台。我们不认为。我们不觉得全球就应该是一个平台,每个地方,比如南美洲、印度都应该有一个平台。因为(一个平台)也没有那么多本地化的团队和政策公关的能力。所以中国是一个(平台),美国是一个(平台),欧洲是一个(平台),在此基础上大家合作共赢,这是靠谱的。但在中国,今天出行里的各个子类目,就像携程里面的机票、酒店、旅游,我觉得它不应该是垂直的,应该是整合起来的。中国肯定是一个平台。这是我们的判断。"程维说。

在这种对抗之中,滴滴快的仍然在迅速成长。尽快成立时间才三年多,按照最新一轮的融资额,滴滴快的的估值已经超过了 160 亿美元。上一家用三年时间达到百亿美元估值的中国公司是雷军创办的小米。

二

程维正有意地出现在更多的公开场合。

他是跟随中国国家主席习近平出访美国的企业家代表之一,并在 2015 年

9月23号参加了于西雅图举办的中美互联网论坛。滴滴快的自豪地宣布:"滴滴快的是此次参加论坛的最年轻的企业,成立刚刚3年就和苹果、微软、BAT等互联网巨头站在一起,而程维也是参会的中国最年轻的互联网企业家。"

9月9日,他出现在夏季达沃斯论坛,并且借助论坛宣布滴滴快的最新一轮30亿美元的融资。这笔融资让滴滴快的的估值超过了160亿美元,成为估值最高的未上市互联网公司之一。

此前的一周,他刚刚参加完8月30日在重庆举行的亚布力中国企业家论坛。在这个老牌企业家云集的论坛上,程维说Uber的特拉维斯·卡拉尼克曾经提出要收购滴滴快的40%的股份,在遭到拒绝之后卡拉尼克威胁说要打垮滴滴快的。当然,在不经意间他也炫耀了下滴滴快的背后的力量,他称自己曾分别向柳传志、马云和马化腾请教如何应对来自Uber的竞争。

的确,在滴滴快的的股东名录中包括了几乎中国最重要、最活跃的互联网公司和投资公司。腾讯和阿里巴巴是滴滴快的的股东,腾讯的总裁刘炽平和阿里巴巴创始人之一、蚂蚁金服总裁彭蕾是滴滴快的的董事会成员。中国平安和中投也是这家蒸蒸日上的移动互联网公司的投资者。

"我们意识到,今天我们不仅仅在做一个产品,我们做的这件事情,其实是跟整个民生、整个经济都有一定的关系。我们希望能够让更多的人了解我们,更多的人知道我们要做什么。我希望增加我们的影响力。我们希望变得更加开放透明。"程维说。

程维已经成为中国最炙手可热的年轻创业者。同在这一年的10月由美团网与大众点评合并而成的新公司一样,滴滴快的被视为腾讯和阿里巴巴之后的下一个巨头候选人。传统的三巨头腾讯、阿里巴巴和百度是相对单纯的线上公司,滴滴快的和美团点评则是线上与线下结合的新型互联网公司。

但在程维自己看来,这家准巨头公司仍然处在如履薄冰的阶段。过于快速的增长和过于激烈的市场竞争让滴滴快的的容错率变得极低,从一家市值已过百亿美元的独角兽到陷入危机,很可能只是因为犯了一个错误。从来没有一帆风顺可言,即使是在外界看来的强盛时期。

一个例子出现在2015年的3月,滴滴与快的这两家移动出行领域的领导性公司合并之后。尽管在社交网络上人们开着玩笑,说这两家公司合并之后占据了超过100%的市场份额，但程维自己在事后承认，"我们当时处在一个巨大的危机之中"。

造成这种危机的原因至少有以下三个：

第一个原因由合并本身带来。春节假期刚刚结束，但"团队还是懵的"，"大家都不知道会发生什么，都没有安全感，团队应该怎么合并，公司应该怎么走，没有成熟的方案"。中国互联网历史上曾经发生的合并案并不能带给滴滴和快的的团队安全感。程维和他的同事了解了分众与聚众的合并案，以及优酷和土豆的合并案，然后发现自己可能面对的是大量的人员离职和随之而来的公司动荡。

第二个原因则是Uber的凶悍进入。观察者会发现这家公司同以往进入中国的科技公司风格迥异。尽管淘宝击败了eBay，无论因为何种原因，百度也在本土战胜了Google，但Uber似乎并不打算重蹈覆辙。它不像早先那些相信依靠产品和技术优势就可以在中国市场立足的科技公司，Uber采用的是中国公司的竞争方式：通过补贴烧钱迅速扩大市场，改变竞争格局。卡拉尼克甚至开玩笑说自己要申请加入中国国籍。

第三个原因由滴滴快的本身的成功带来。滴滴快的获取的高估值和高增长速度，让创业者和资本纷纷进入这个原本被认为是公共服务的领域。"一夜之间我们看到拼车、巴士开始出现，一系列新的创新的领域。这也是给我们的压力。毕竟出租车不是出行里面使用频率最高的一个服务。"程维说。

程维和他的团队的方法是，在团队整合上"散开阵型"。"我们大概的思路，还是把阵型散开。在一个更大的出行的梦想下，把阵型散开。不要纠结在一起，让每一个同事都能够找到一个新的岗位，在更大的梦想和新的分工里，找到自己的动力和激情。整个合并很快，大概只有一个多月的时间去做沟通，先是后台，再是前台，就是这样一个过程。"程维说。

滴滴快的迅速扩张的业务也有助于这种"阵型散开"。在合并之后的半年时间内，专车、快车、顺风车、巴士、代驾这些业务纷纷上线。速度与增长会有助于所有愿意留下的人找到自己的位置。不断增加的业务就像是一个在无限扩展的边疆。所有对现实心怀不满的人都可以在新的边疆找到自己的成就感、尊严以及财富。

在卡拉尼克版本的未来中,并没有滴滴快的的位置。"那就要打一打",程维说。春节之后迅速上线的快车业务狙击了 Uber 的攻城略地。他相信,这会是另外一个淘宝与 eBay 的故事,他甚至当着卡拉尼克的面也这么说。在私下里,他承认 Uber 的确不是那种你可以掉以轻心的"纸老虎",但旋即就说,"我估计也就是牛皮纸扎的纸老虎",虽然不会风一吹就倒下,但也经不起折腾。

但是,在程维版本的未来中,也没有那些新出现的垂直细分领域出行服务公司的位置。虽然并不认为在全球范围内的出行领域会只有一家平台型公司,但程维的确认为在中国只会有一个大型的平台。他的理由非常简单,用户不可能先从打出租车的 APP 上约出租车,约不到再打开一个顺风车 APP 试试,失败之后再去选择一个专车 APP。这让滴滴快的成为这些细分领域初创公司眼中会吞噬一切的"巨兽"。尽管在谈到 Uber 时,程维认为自己的风格要更加温和、更倾向于合作,而不是"干掉别人",但这个行业的其他创业公司可能不这么想。

"这半年时间里面,我们在这三个方面都做得还算不错,才使得我们能够在冬天来临之前,让所有人相信滴滴,然后投资我们,在市场上能够继续顺利地发展。"程维说。

度过他所说的"巨大的危机"之后,滴滴快的已经成为一家市值超过 160 亿美元的公司,是它的最大对手 Uber 估值的四分之一左右,并仍维持着高速增长的态势。之前,滴滴与快的合并后的公司估值是 50 亿美元左右。

自从陈年喊出"唯快不破",将速度作为自己的最大竞争优势以来,"快"就是中国互联网公司推崇的特质。这些年来,最为成功的新兴互联网公司无一不是速度的孩子,其中最著名的是 2014 年上市的京东商城和 3 年做到估值过百亿美元的小米。如今,新的"速度之王"是滴滴快的。速度也被程维认为是滴滴快的三年来的"护城河","这个速度没有企业跟得上"。

在未来三年,程维希望能够成为护城河的是"深度"。当他这么说时,滴滴快的已经把眼光投向了包括汽车厂商在内的整个产业链。

至于更长远的未来,"滴滴是一个可以上升到无限高度的企业",程维说。

直接引语——来自程维的50个句子

50个来自程维的句子，帮助你了解这家未来的巨头公司。如果你在运营一家创业公司，你甚至可以将它视作一个做得还不错的家伙给你的50条建议：

1. 滴滴快的今天可能是中国烧钱最多的互联网公司（笑）。

2. 我们确实要花很多钱，这是关键。我们可能融到比很多互联网公司多得多的钱。要说有没有纠结，一开始我是有过纠结的。我就想为什么我们要花这么多钱，还要不断地融资。我们刚刚合并时有13亿美元，我想，是不是13亿美元就能花很久了，很多公司上市都只拿到2亿美元。但没想到过了半年我们又在融资。有时候我也会觉得纠结，融资并不是一件让你很开心的事情，是因为有危险你才需要去储备粮食。

3. 后来我慢慢想明白了，我们做的这件事情，就是互联网在后期打开的一扇巨大的门。出行是每个人的刚性需求，是我们每天都会做的事情。它注定是一个巨大的市场，需要面对最残酷、最激烈的竞争。没什么好犹豫、好抱怨的。所以我们又融了一轮，我已经数不清这是第几轮了，我也没算清到底融了多少钱。

4. 我们是一家"野生"的公司。在交通行业里边，我们没有背景，没有靠山。作为一家互联网公司，我们生在狼窝里。我们生下来就必须浴血奋战，从第一天起就面临最激烈的竞争和最严厉的政策监管。死掉是大概率的，能活下来，反倒是幸运的。

5. 互联网到今天为止，好做的都被做了，剩下的都是悬崖峭壁，悬崖峭壁里还有激烈竞争。为了生存和活下来，只有杀出一条血路。所以今天我们依然是一个创业者。滴滴和互联网出行都还是在起点，这扇门刚刚打开。因为补贴到账，大家才习惯用手机叫一辆车，然后用微信支付。

6. 事情才刚刚开始，关于未来的出行，今天大家只看到冰山一角，挑战只会比以前更加剧烈。才出狼窝，又进虎穴，我们内部非常有危机感。我们像一辆开到两百五十迈的车，在路况非常复杂的路上，还不时有人来撞你，我们公司的处境就是这样。任何一个细节操作不当、一条弯道、一块石头，都可能让我们前功尽弃。我们非常乐观，但又非常保守。

7. 正常情况下，创建这样一个公司，需要十年，而我们只用了三年。

8. 所有行业的窗口期都在缩短。之前做一个门户，晚一两年做都可以，招聘网站现在还有人在做。但做团购，基本上晚一年就没什么机会了，窗口期只有一年。做打车软件，晚半年，就不用玩了。电子商务打了十年，还有十家企业；团购打了五年，还有三家企业；我们是打了三年，就打成一家了。剧情发展更快，背后是非常激烈的竞争和博弈，是剧烈的竞争在使行业发展速度变快。

9. 原来要用十年去教育用户，后来淘宝用三年去教育用户在线购物。淘宝开启了免费时代。1.0的互联网是免费时代，360和淘宝用免费打击对手。今天是补贴时代，免费都没人用了。教育用户，是为了降低门槛让用户尝试服务，改变习惯。现在因为竞争的强度和资本的充裕，行业竞争进入了补贴时代。全行业都一样，我们只是最早做而已。

竞争和资本催着所有人跑百米赛。原来是千米、万米赛跑，现在是百米赛跑，而且还打兴奋剂。我们一直在高速竞争之中为了生存而战。

10. 你是因为短板少而活下来的。现在的竞争，不是说因为哪件事情做得好,你就能胜出。现在是比谁短板更少,是努力弥补自己的每一块短板。产品不好就不用讲了。产品好,技术不行、体验不好也不行。产品、技术都好,营销不行,让用户骂;或者线下不行,拉不来司机。这些都会导致公司猝死。

每一个你身上的薄弱点,你不了解的、没有经验的,毫无意外都会成为公司的短板。甚至连你不懂知识产权,开始时因为不了解而不重视,都会犯下大错误。我是偏业务出身的,对技术一开始并不了解,就犯过错误。没有提前和政府做有效的沟通,没有背景,这也是短板。每一个短板都必然会成为公司的问题。

11. 第一,要快速学习,付出了代价就会痛,痛了以后你就希望快速学习,补上短板。第二,没有完美的个人,要建一个完美的团队。

互联网是分门派的。阿里运营营销做得很好,腾讯产品做得好,百度技术做得好,高盛战略做得好,我们要虚心地去学习。必须要让自己没有短板,必须要能够包容地去学习和整合。所以我们是百度的技术,腾讯的产品,阿里的运营,高盛的战略和投资,这样一个"联合国部队"。靠一个完美的团队去补上个人的短板。

12. 创业就是在半夜推开一扇门,走一条看不见的夜路。只有走出去,你才能知道有什么问题。心力、脑力、体力都是挑战。今天看起来,心力第一,脑力第二,体力第三。

首先你要有心力支撑自己往前走,鼓励自己、鼓励大家去面对挑战,要乐观积极。脑力是你要开始学习。不能避免犯错误,但也不能所有错误自己都经历一遍。你必须去学习,去跟身边的创业者学,跟前辈学,到创业以外的领域学,去看古代的战争,去看历史。你没有那么多犯错的机会,因为你时间短、速度快、容错率低。体力上,必须要有旺盛的意志和战斗的能力。战斗是没有停顿的。我们一直在激烈地竞争,PK 摇摇,PK 快的,然后合并。合并以后,立马 PK Uber。没有停顿,天天在坐过山车。

我们都比较年轻。晚十年绝对扛不下来。

13. 无知无畏。开始创业时有的只有勇气、直觉和冲动。如果之前我知道情况是这样，也许我可能都不敢创业了。也许再走一遍，未必能走到今天这个地步。有太多的不确定性，太多的偶然，是一步步走过来的。但是我在享受创业的不确定性，虽然挑战很多，但不痛苦。你要享受这些不确定性。

一定要珍惜早期创业的时光和这帮兄弟。早期创业的时候是很幸福的，充满梦想。一个小的团队，很单纯。

14. 今天发生的事情，无数次地发生在别的公司、别的国家，各种各样的事情都有学习的地方。既要从商业史中学，也要从战争史中学。

滴滴和快的的补贴大战，在中国商业史上是没有先例的。很难靠商业或互联网的案例去研究接下来怎么办、怎么赢。就去看有没有类似的战争案例，我们就看到了凡尔登战役。我觉得很像。在巨大的消耗战之中，到底谁会赢，于是就看到在武器、在一些偶发因素上，怎么能够把握好每一步。一战打完以后，因为巨大的消耗，使得二战的时候大家选择的是闪电战，现在也是一样，怎么能最快最有效组织资源，最快去赢得市场。

我是实用主义战争史的爱好者，我看了很多战役。

15. 要知道谁是做得最好的，找那个做得最好的公司，找到做得好的规律。做得好是因为它对整个事情的思考是最深刻的。它找到了这个问题最基本的规律，并且以它为重心去架构团队。百度相信技术改变世界，腾讯相信产品改变世界，于是它们以技术和产品为重心去架构整个公司。就跟武林有各种门派一样，并没有对错。

但今天我们在这样的一个狼窝里，要想活下来，就得多学一些。必须要很好学，必须要快速成长。2012年，在我们第一次开的"在路上"会议上，所有管理者达成了共识，写了一句话：我们未来最大的挑战不是市场竞争，不是政策监管，不是资本，不是巨头，是我们这群人在一个高速发展的行业里，我们的成长能不能跟得上。

今年"在路上"会议改叫"在风口"会议。这不是为了嘚瑟，是为了给自己警告：如果所今天我们已经有了一些成绩，那是因为运气，因为时代的背景，因为有大量的资本，因为行业的特性。我们自己还有太多事情没有做好，而风一定会过去的。面对未来要有敬畏之心，才能保证自己有更好的未来。

16. 开始创业时，我没有想到做一个打车软件这么难。那时候觉得团购很激烈，千团大战。哪能想到，打车软件比团购竞争激烈多了。你推开门往外走，你哪知道外面是什么路？就像大航海时代一样，只有一个模模糊糊的方向，要去美洲，但是没人去过。你带大家出发，但并不知道，一路上有风暴还是漩涡。你也不知道美洲意味着什么。但是只要上路了，就没有选择。不管是外在的环境怎么变化，遇到风暴还是漩涡，或者有任何内部挑战，越来越大的队伍怎么合作。决定创业就是这么一次毅然而起，没有太多的计划。

17. 为什么会合并？是因为我们看到了移动出行的巨大机会，不想要在出租车上面长时间内耗。2015年年初我们定下来一个目标，就是从滴滴快的打车，变成滴滴快的出行。我相信交通出行领域未来会跟互联网结合，会更加市场化。也就是说，互联网化和市场化是两个趋势，会有一个面向未来的新的出行平台。

18. 私家车要摇号买车和限号，除此之外，就只有出租车和公共交通，出行越来越难。在我们的规划里，未来应该是一个"一站式"出行平台。最优先的是公交车，70%的人每天早晚固定上下班，未来的滴滴巴士会把它们拼在一起。原来的巴士不准点、体验差，新的巴士一定是准点、有座、直达。还有一部分人是顺风车上下班。临时紧急的出行去坐出租车和专车，专车其实是更市场化的出租车。我们会提供各种级别的专车服务来满足临时的需求。这是面向未来的出行体系，我们称之为"潮汐理论"。

应该要有一个大的平台出现，去有效引导大家的出行，而不是你不知道应该怎么走，很久等不到车。我们在建一个"苍穹系统"，每个人的出行需求都反馈给它，每个交通工具也对接上来。它根据实时的情况，通过市场化的手段去配置资源，包括价格体系。潮汐体系和苍穹智能调度体系，应该能让我们的出行效率更高，体验更好。

19．潮汐理论是周其仁教授提醒我们的。他说做专车也不解决问题，必须要把社会上的闲置资源整合起来。专车无非是多建酒店，酒店再怎么多建，高峰期也满足不了需求。私家车主想办法把人拉上来，每个家庭旅馆都能住两个客人，才有可能满足波峰的需求。

周其仁教授说，他研究经济改革，最近一二十年，一直在讲改革，但没有哪个领域真正在改革。好改的都改了，不好改的也改不了。见到我们，他说就跟看见小岗村一样。他希望我们能坚持，再难也要坚持。周教授说，他相信只要是民心所向，一定会所向披靡。但是这个阶段会有很多困难。他一直在鼓励我们，也会给我们一些建议。

经济学家是在研究过去，我们是在创造未来，周教授给了我们很多的鼓励和帮助。

20．"苍穹"是未来交通出行的调度引擎。它的算法是整个互联网业态里面最顶尖的，是皇冠上面的明珠。我希望主抓这个项目的同学去申请图灵奖。我真是这么想的。

原来整个互联网里，技术难度最高的是搜索。搜索的算法难度很高。但我们做出行平台后，我发现它的算法远远超过搜索的复杂。搜索是相对静态的，今天搜明天搜，结果差不多；我们是纯粹动态，过几秒钟，这辆车开过去，就不适合接你了。其次，搜索本身是单向选择，你想要什么，它给你什么；出行则是双向的，既要考虑乘客的需求，也要考虑司机的需求，复杂性是呈几何式增加的。最后，搜索是单点独立的算法，一个人搜和一万人搜，互不干扰；但一个人叫车和十个人叫车，就不一样。所以它比之前的搜索算法要复杂得多，再考虑商业化，考虑反作弊，考虑多种产品的协同，比如没有出租车，就要推荐巴士。为此我们在全中国寻找最好的大数据专家，到硅谷寻找最顶尖的工程师人才。

21．我每天用30%的时间和精力拿来面试，面试是第一优先级的。我们非常在乎团队建设，所有总监以上的人员我都要见一下。剩下的工作时间就是花在团队和业务上面，对外的应酬和采访上会比较少，参加活动极少。

22. 我们的核心成员都很年轻。虽然我们有这么多业务，但大家是一个团队。做专车业务时，出租车团队一夜之间调了两百多人过去，大家没有怨言，因此也没有什么沟通成本，全部接受调动。做快车、做顺风车，都是一样，整个团队全力以赴帮忙和支持。这保证了每一个产品都能够迅速做起来。

我们花很多时间去总结和沉淀。第一场仗打完，我们就看到底哪里打得不好，有什么可以总结的经验。所以在打"专车之战"的时候，就顺利一些；做快车、顺风车的时候，就更顺利了。

滴滴快的是少有的在很短时间里面反复去锤炼怎么做新业务的公司，从架构到业务打法。这半年时间，我们每两个月推出一个新业务，花一个月时间做到市场第一名。背后其实是对怎么孵化一个新业务，从业务到团队的反复总结。

23. 8月14号，我早上见了马明哲，晚上见了高晓松，这两个人是我主动约的。我希望学习中国平安的厚实、纵深和稳重。跟高晓松聊了很多，我主要想问他一个问题，在东西方博弈中，强弱的关键在哪里。在各个领域，包括音乐、电影，当然还有公司，都是东西方两极在发展。但总体来说，不管音乐还是电影，东方都是落后的。总有一些原因，找到共性的原因，才能有针对性的提高。

24. 我们是今天中国烧钱最多的公司。但我们不希望浪费一分钱，所以你看我们的办公室……柳青原来在高盛的待遇是头等舱加五星级酒店，在这边则是经济舱加汉庭全季酒店。我们希望传递的是，要敬畏每一分钱。我觉得我们还是很年轻的队伍，未必能驾驭得了这么多的资本，只有先从敬畏它开始，再去练习怎么使用。

25. 这是一个真实的故事，有一个政府事务部的同事被约谈了，被很严厉地批评、责骂。回来的时候，我问他怎么样。他说，聊得挺好的。为什么好呢。因为很激烈的话讲完以后，那个做记录的同学，把那些严厉的批评一个都没记上，讲得好的全都记上了。我的同事说，我也不认识他，但他内心一定是支持我们的，所以在力所能及的地方支持我们。他觉得看到了希望。

这是绝对的井冈山精神，充满了理想，充满了内心的激励。就是这样子，我们不去判断有百分之多少的概率能赢，对我们而言，99%的概率和1%的概率是一样的，我们都必须要勇往直前。99%的概率最后没抓住，不也输了吗？

26．创业第三个月我就能感觉到，我们可能只有1%成功的概率。怎么拉司机，怎么拉乘客，怎么和交委谈，怎么谈投资人。太难了，竞争太激烈，行业太血腥。

27．我其实运气还真的很好。

创业之前，我跟我们的一个创始人一起去了一次八大处。我绝对不是一个迷信的人，也没有再去还愿。我觉得你如果真的全力以赴，是会有好运气的。身边不断地会有贵人，加入我们、帮助我们。会有很多偶发的事件，像2012年北京那场雪。

所以我会比早先要更自信、更淡定。我们克服了这么多困难，烧了这么多钱，打过最激烈的战役，面对过最严酷的监管。就像你爬过一座最高的山后，你就会淡然和从容一点。

28．我希望这一轮是最后一轮融资。我希望能够把平台的商业化潜力开发出来。

上市不是我们的目标，我们内部不允许讨论上市。一流的公司都不是以上市为目标。上市只是一个阶段，上市带来的知名度和融资能力，说实话我们都已经有了。我们融了比绝大多数公司上市时融的还要多的钱，所以上市已经不是我们的目标。

29．外面总会觉得我们是不是腾讯、阿里巴巴控制的公司，其实它们只是投资人，就像你不能说阿里巴巴是雅虎控制的一样。

我们讲过一句话，一个公司如果失去了独立的意志，就像人失去了灵魂一样，是不可能再有长远发展的。我们很感谢一路上所有股东对我们的帮助——一共有三十个股东。我们也一样帮助了他们，我们是一个独立决策的公司。

30．我融别人的钱，他占我的股份，这是一个公平的交易。是不是有决策权，那是不一定的。在我们这里没有决策权。管理层决策，这是原则，是底线。如果你想要开车就别来了，你想要坐车就可以一起走。从第一天开始就是这样。腾讯很尊重我，阿里很尊重我。我们是一个有独立意志、独立发展的公司。

31．我每天把大家叫一起来吃饭。基本上都是跟同事、团队在一起，这会让我安静下来。

32．我跟柳青会和我们的一些投资人商量事情。我觉得多数情况下，外面的建议都是在不那么了解公司的情况下提出的。创业者每天连做梦都在想这件事情，有大量的信息是外面人不知道的，包括有什么样的背景。所以基本上我们都是内部讨论，都是需要充分的信息量，再一起去思考。很少对外寻求建议，几乎没有过。讲不清楚。你要跟他讲清楚现在是什么情况，就要累死了。务虚层面，我们跟腾讯，包括阿里，交流还是很多的。但具体决策我觉得你还是要相信自己。

33．Uber 对我不至于有压力，有压力的是要面对的问题：今天怎么在新的战斗中获胜。我们一直在面对各种各样的对手。Uber 是我们的一个对手，是我们快车的对手，顺风车、代驾也有各自的对手。我们希望借同 Uber 的竞争，去探究一下到底是什么事情造就了东西方巨大的差异，怎么样才让自己更强大。我们研究了很久，很有意思。

34．刷单这件事，就像美军去越南，而越南有沼泽。本质上我们不希望看到沼泽，但实际上它确实起到了一些作用。我们内部花了巨大的力气打击这种作弊。因为有补贴才会有作弊，现在的作弊不是个人在作弊，是团伙化的。它也是一个公司，是一种大规模作弊，很赚钱。我们在努力打击这种现象，希望这个行业更好。

我觉得 Uber 今天还是在比较野蛮地扩张，没有精细化运营。美国企业很难理解中国的刷单现象。其实大量补贴也催生了这种现象。

35．很久以前我见过关明生，第一个问题是问他马云怎么组建团队。那是对我启发最大的事情之一。我跟他说，《水浒传》三分之二都在讲一百单八将是怎么找到的，找到以后的故事基本上记不住了。真正精彩的是这一百单八将上山、入伙、结义的过程。创业也是一样，怎么找到一群志同道合且有创造力的人，怎么激发大家为共同的梦想努力，这是我对工作的定义。而不是让他们去执行我的某个想法，那样我觉得太粗俗了。

关明生2000年加入阿里。2000年阿里的团队班底包括马云、彭蕾、蔡崇信、吴炯、李琪，都是牛人。在后来的十年电商浪潮里，这个团队是无人可及的。它抓住了C2C、B2C、支付，几乎所有的机会。移动出新系统无疑也是一个巨大的市场，但我们能不能也有超级团队？

如果想不辜负这个机会，背后就是要把构建团队这件事情做到极致。有了这样的一群人，他们慢慢会做出这样的事情来。我们做了很多业务，在我看来是顺其自然的事情。

36．我们内部有一句话：不是因为你是一个什么样的人，所以你才去做什么样的事，而是因为你做了一件事，你才变成这样一个人。

37．（挖人）我估计挖三个能来一个。我拿三分之一的时间在看各种各样的人。我经常跟大家挖人挖到凌晨两三点钟，聊五个小时。把团队照顾好、激励好、辅导好，业务是自然而然的结果。

38．我们非常担心大家都认为滴滴快的已经是大公司了。如果公司内部都觉得我们是大公司，所有人都在想着上市，估计我们已经发展到一个临界点。

最近我们把整个招聘几乎都停了。在年底之前我希望整个团队不要超过五千人，也就是到年底我们大概只能再招一百多个人。我们希望控制团队规模，虽然在O2O企业里面滴滴快的员工还不算多。美团有一万六千人，58赶集有两万人，连饿了么也有一万人。听起来好像我们的人不算多，但我依然觉得，发展太快了。团队还不扎实，很多同事进来，他到底为什么来，有没有合理的目标和期望值，能不能融入我们的团队，他在做什么，是不是合理，他的技能有没有得到培养，我们的文化到底还是不是得到了保持……有大量这种问题。我们希望停一停，修炼一些内功。

39. 柳青来了以后，我们努力地在把我们的PR、HR、营销团队、战略团队打造得更强。业务就是枝叶，团队是根。HR和财务不扎实，PR营销不扎实，业务好不起来。

40. 市场必然有竞争。跟Uber陷入消耗战又怎么样？如果真的进入一种没有竞争的阶段，公司也会停滞。这是我的感觉。促使滴滴这么快速发展的最大因素就是最激烈的竞争。我不觉得哪家公司在中国比我们竞争更残酷、更血腥。外卖业务从规模和量级上面也没有我们这么狠。消耗战有消耗战的打法，闪电战有闪电战的打法，我们打过一段闪电战，也打过消耗战，整体来说我们还是有信心的。

41. 有段时间，美国几个电信公司之间也有同样剧烈的竞争。大家都是铺网点、卖套餐，做价格上的恶性竞争。但最终还是有企业通过技术创新突围出来，比如说把铜线换成了光纤，换成了更便宜的技术。所有产业都是竞争激烈的。在中国只有极少情况下是不激烈的。房地产不激烈吗？关键是能不能有价格以外的竞争力，除了便宜以外，还有没有另一个跟对手不一样的东西。如果没有那确实很惨，你也确实应该很惨，因为你只是一个便宜的渠道而已，你应该被逼着去创新。我们在这里面有很多的思考，也做了很多的工作。我相信我们会变成一个在未来还是有其他核心竞争力的企业。

42. 我们的出租车业务已经没有补贴了，但还是很多人在用。补贴是让用户尝试你的服务的手段。用户第一次试一下，产品体验检查一下问题，然后决定不给补贴以后会不会用。但正是需要补贴让很多人先试用起来，因为我们的业务需要规模。补贴拉上去，然后维持在一个水位，再通过运营和产品的更新保持继续增长。我们不是外面想的那样子靠补贴维持发展。所以，快车补贴不做了，还是有很多人还在用。因为它本身是一个高性价比的出行服务。

43．三年前我们创业的时候，无数人在抱怨，但没有人真正在行动，也不知道怎么行动。我觉得这把钥匙被我抓到了，这把钥匙是互联网市场化和共享经济。它做出行的切口，会让整个一百年没什么变化的出行，开始有所变化。但可能跟体制之间还是有很大的冲突和矛盾。明显现在好多管理方法还是原来的出租车业态管理方法。这个改变的过程，我相信不是一蹴而就的，是在冒着炮火前进，是比较悲壮的。

压力确实很大，这时候希望能够有更多的力量去帮助我们推动、过关。也许有一天我们倒在路上也是有可能的。然后回到过去。我们希望行业更加开放，走向市场化。我们呼吁出台监管方案。我们只是三年的初创公司，市场竞争包括跟国外公司的竞争和监管，对我们而言都挺难的，而且输不起。

44．处理同监管的关系从第一天起就变成了重要工作。我们上线第三个月在深圳被叫停。我们在北京和深圳上线服务，当时觉得北京可能封，深圳是留个后路，结果深圳被封，就傻掉了。第一天起就徘徊在挑战政策的边缘。做这个事情比我们想象的困难多了，但是也没什么好抱怨的。

对于企业而言，唯一能让你生存下去的是用户的体验和满意度。这是我追求的目标。我们骨子里面不希望添麻烦，希望出行更美好，跟监管部门是一个目标。

45．没有太多时间去感慨，我们开会的时候很少去回忆过去，觉得现在有多牛。我们还在快速发展之中，有很多风险和挑战，面临激烈的竞争、严厉的监管，内部还有很多快速发展带来的问题，哪有时间伤感？希望不要有一天为今天伤感就好了。

46．一开始不愿意接受腾讯投资是因为我想坚持独立。我有种不安全感。但实际上我们得益于这种合纵连横策略。今天的互联网，已经不是初创时期时那样，大家在一片开阔地上自己干自己的。它已经有复杂的格局，要想发展起来，确实需要在战略上改变。外交、军事、内政一样重要，你不能只做自己的内政，打自己的仗，忽视了结盟和外交。看一看战国时期，不仅是军事要强，外交的策略也很关键。实际上是双赢，很多企业帮了我们，我们也帮了很多企业，这不是挺好的嘛，干吗一定要跟人家打仗？

47．马云和马化腾人都很好，不是那种高高在上的。我觉得灵魂是独立的，但态度还是谦虚的。我们毕竟是晚辈，是年轻的企业，我们是以请教、学习的姿态去沟通。

48．我们几乎是零容错率的公司，如果你在一个地方犯一个错误，很可能这个比赛就结束了。做到现在，我们只是提着裤子跑到现在，跟跟跄跄没摔倒，所幸裤子还抓在手上没掉下去，就这样。肯定还有不完善的地方。

49．我们希望未来变成体验和数据驱动的公司。在战略上除了做出行品牌，还和整个汽车产业融合。我认为传统的互联网渠道性的公司都是没有核心竞争力的，只是一个渠道，卖别人的服务、商品，这是危险的，必须要能够跟整个传统行业深度结合。有布局，整合在一起，才能提供有壁垒的服务。

所以我们未来可能不只是一个出行、叫车的平台，我们希望能够把整个车厂、经销商体系和市场服务合在一起，让整个出行系统效率更高、成本更低、服务更好。这是我们未来要做的事情。

50．柳传志给我的建议是：正直。要想赢，靠聪明，靠能力。要想赢三十年，靠正直。

正和岛：连接者刘东华

李翔按

　　通过他主持的《中国企业家》杂志，以及他发起和联合创办的中国企业家俱乐部，刘东华就已经足以得意地过完后半生。不过，他还是想要摆脱自己旁观者的身份，去尝一尝创办和管理公司的甘苦。

　　在他创办正和岛的前后，又刚好是整个中国互联网向移动互联网的迁移期。坐拥微信的腾讯 CEO 马化腾都说，自己只是拿到了半张移动互联网的船票，他不敢设想如果微信是其他公司的产品，腾讯该如何应对。

　　刘东华最初想创立的是一家社交网络公司，一个高端版本的脸书。但是，面对汹涌而来的移动大潮，脸书也是通过天价收购 WhatsApp 和 Instagram 这样的移动社交软件来抢夺船票的。可想而知，刘东华一定很感慨，刚好碰到这样一个互联网的大转弯时期。不过，行动者是没有太多时间自怜的。

> 向那些疯狂的家伙们致敬，他们特立独行，他们桀骜不驯，他们惹是生非，他们格格不入，他们用与众不同的眼光看待事物，他们不喜欢墨守成规，他们也不愿安于现状。你可以……颂扬或是诋毁他们，但唯独不能漠视他们。因为他们改变了事物。他们推动人类向前发展……只有那些疯狂到以为自己能够改变世界的人，才能真正地改变世界。
>
> —— 乔布斯（美国苹果公司联合创办人）

他能让柳传志和王石落泪，能够安慰马云和张维迎。他是善于蛊惑人心的花衣魔笛手、长袖善舞的社交家。他让人嫉妒也遭人非议。

一

1999年8月20日，刘东华到纽约曼哈顿美国大道的时代－生活大厦拜会当时的《财富》杂志总编辑约翰·休伊。那年36岁的刘东华在三年前刚刚接手一本名叫《中国企业家》的杂志。尽管在当时的中国，三十多岁成为局级干部仍是一件足以夸耀的事情，但在面对长他15岁的约翰·休伊时，刘东华显然仍只是一个籍籍无名之辈。

休伊在《华尔街日报》做过13年的记者，1995年成为《财富》杂志的总编辑——刘东华则是1996年从《经济日报》评论部调任《中国企业家》杂志的总编——他是山姆·沃尔顿指定的传记合作者，也是安迪·格鲁夫口中"记者中的记者"。《财富》已经是全美最重要的商业杂志，而《中国企业家》则还怀着一颗想要成为"中国的《财富》杂志"的野心。1996年《财富》杂志失去了 IBM 500 万美元的广告费，原因是约翰·休伊和《财富》执意要刊登一篇描写 IBM 明星经理人郭士纳的报道。这个数字要大于当时《中国企业家》一整年的收入。

休伊和刘东华讨论了新闻报道中的国家与庙堂，讨论了媒体的独立性，以及《财富》著名的排行榜，但是让刘东华印象最为深刻的却是约翰·休伊一句有关世态炎凉的话，这让他在多年后仍能准确地复述出来。"他说全球 500 强的 CEO 很多都是我的好朋友，但是只要我一离开《财富》杂志，他们会立即扔掉我的电话号码。他的意思是他们认的是这个品牌和平台，而不是他本人。"

这是 2011 年的年末时分，刘东华马上要度过自己的第四个本命年。表面上看他并无太大变化，他仍然喜欢穿黑色中式圆领外套——有一次开玩笑时他吐露玄机，说这样就不用打领带也算正装；走起来路气派十足，大有睥睨天下的劲头；前额的头发已经掉了不少，和冯仑、郭广昌在一起时大家会开玩笑称他们发型相像，只是程度不同；在任何场合说到激动处会抬高声音，并且会重复关键词，声音能传到老远。他称自己个性张扬、"粗门大嗓"。在装修新办公室时，他的下属特意去跟施工者说，这个办公室的墙壁要厚一点，这人嗓门大。

在中国的传统中，人们通常会认为本命年会是一个多事之年。这一年对于刘东华而言也是如此。他离开了自己供职 15 年的《中国企业家》杂志，宣布自己要拥抱互联网，创立一家名叫"正和岛"的公司——这个公司的名字让人以为他要拥抱房地产。在他离开时，《中国企业家》已经成为中国最重要的商业杂志之一，也是不多的年收入超过 1 亿元的杂志。几乎所有中国的民营商业巨人们都或多或少地同这本杂志有些关联，其中的很多人也成为了刘东华的朋友。

他们会"扔掉"刘东华的电话号码吗？

目前看来还不会。其中一些商业明星如曹国伟、俞敏洪、刘积仁和李开复等人还出席了他的新公司在 2011 年年底举行的试运行活动，还有一些人则是他新公司的投资者，他们和他关系密切。人们都明白仅仅是这种联系就能成为一种巨大的竞争力，我们可以称之为"资源"，也可以称之为

"关系"。

在当前这个断裂的社会中,基本上各个群体都处于自说自话的阶段。知识分子们沉浸在自己的世界中,争论着关于抄袭、社会变革、民主与改革的话题;企业家与商人们接近沦落为一个自我欣赏的小圈子,每年在固定的场所孤芳自赏地互相评价彼此的丰功伟绩;大众与媒体开始分裂为两个概念,大众纷纷扰扰地表达着自己的功利和偏激,对成功学的渴求与大规模地愤世嫉俗并存,媒体则不知所措地竭力追赶流行的脚步,试图捕捉变化无常的大众品位,势利又脆弱;至于政治家们在想什么,那一直是个秘密;或许还有一个沉默的庞大群体,但是由于他们还没有表现出自己的消费能力和影响世事变化的声响,他们仍然是"被遗忘的人"。

刘东华则在这个分裂的世界中扮演着一个连接点的角色。当他掌握着媒体平台时,他能够将商业群体的"生意与生活"公之于众,他是商业阶层与大众媒体的连接点。通过他曾经的体制内身份和所在媒体的影响力,他还曾试着推动政治家与企业家的对话,他称之为"推动两大逻辑对接",他让当时的辽宁省省长坐在段永基旁边;通过引入大量的学界顾问,如吴敬琏、周其仁、许小年、吴建民等,他努力让知识分子与企业家坐在一起,彼此对话;更大范围而言,他还通过组织群体性的访问活动,让中国的商业阶层与世界其他地方的精英发生连接,包括美国前国务卿鲍威尔等人访问中国时,他们同鲍威尔一起共进午餐,在2011年一次访问美国的活动中,他们拜访的对象包括:罗伯特·鲁宾(前财长)、约翰·桑顿(布鲁斯金学会主席)、奥尔布赖特(前国务卿)、吉米·戴蒙(摩根大通CEO)、约翰·布莱森(时任美国商务部部长)、罗伯特·霍马茨(前副国务卿)和马克·扎克伯格。尽管刘东华并不是大众耳熟能详的巨富与掌权者,但是他的作用在财富阶层,甚至更大的群体中却无人敢轻视。

"毕竟,他不是这个平台的创始人,不是真正的灵魂人物,也没有改变平台的命运。"刘东华还在回味着约翰·休伊的话。"而我实际上是重新定位了这个媒体和这个人群的关系。除了在管理和决策上提供给他们价值之外,更大的价值是通过我们的一系列'鼓与呼'让整个中国社会来接受这个特殊的人群。我们告诉大家企业家人群意味着什么,为什么他们如此重要。"显然，他已视自己为中国在过去二三十年间形成的企业家阶层的代言人物。

二

他同"企业家们"打交道的时间是从1990年他进入《经济日报》评论部时开始的，当时他刚刚从中国社科院研究生院新闻系毕业。从家乡的《沧州日报》考入新闻系时，他的理想是成为一名《人民日报》的评论员。那是当时中国记者所能想象到的最高成就。但是之前发生的敏感事件断送了这一切，《人民日报》拒绝从这些活跃分子中招聘自己的新员工。在研究生导师的推荐下，他加入了《经济日报》。《经济日报》评论部的主任冯并是他在社科院的学长，他称之为"老冯"。老冯至少在两个方面对他影响巨大。第一个方面是，老冯可能是中国官方媒体中最早意识到民营经济重要性的新闻人之一，正是在他的引领下，刘东华才将重心从自己感兴趣的政治与宏观经济转向到微观的民营经济；另外一个方面则是，"老冯是三教九流什么朋友都交"，后来的刘东华同样如此，他曾经自诩道："我牛在哪儿你知道吗？不管是妖怪还是神仙，我都能交上朋友。我就是这样的人。"

在老冯的支持下，刘东华在1992年底创办并主持《经济日报》"民营经济专版"的工作。这个头脑灵活的年轻人还和全国工商联一起举办了一个评选活动，每年在中国寻找100家优秀的民营企业，再从中评选出十家最佳公司。当时的政治局常委李瑞环也被请来颁奖。这让他得以结交一批当时中国最早的民营企业家们，比如当时有"中国民企教父"之称的牟其中，曾经被福布斯杂志评为中国最富有者之一的张宏伟等人。

在他编织自己的关系网的同时，一名《中华工商时报》的女记者胡舒立也开始有意识地去遍访当时中国的顶尖金融家和经济学者。不过，刘东华那时所结交的民营企业家们开始在随后被追问"原罪"，甚至纷纷落马，如牟其中注定要在监狱中为自己辩解，张宏伟在盛极一时之后，开始隐匿在阴影之中，而胡舒立当时采访和结交的金融家们纷纷成为体系内的金融高官。

胡舒立称自己对权力的接近程度被高估了，刘东华则毫不掩饰自己对财富人群的接近程度。他并不讳言自己同那些民营经济巨人们"关系很好"，只不过他会声明自己并没有借机从中为自己谋取利益。他认为这也是自己能够在这种关系中游刃有余的原因之一："我们关系好，愿意去接触，就是我觉得这人很牛，但我对他无所求。和这些成功者接触的人都带着各种需求，而我是无所求的。"

当他在1996年主动请求去接任《中国企业家》杂志总编，并且获得经济日报社的准许时，他将自己的这一判断和自己同中国企业家群体的社交能力延续了下来。在当时，虽然在外人看来这本杂志已经"烂得不可收拾"，但由于这是一个正局级的部门，仍然不乏有人想要接手。"够资格的都不愿意来，不够资格的有几个人都想来，我是其中一个。后来大家觉得我可能最靠谱。"刘东华说。如果现在的读者对"局级"没有感觉，那请允许我举一个曾经被传为笑谈的例子：《中国企业家》的记者曾经因为对湖南一家公司的报道而遭到有段时间很常见的"跨省追捕"。这家公司运用自己的关系让当地公安局派遣警察到杂志社带人。这时杂志社的一位副总编出面接待了几位警察，然后严肃地告诉他们，该地公安机关只是处级机构，在中国庞大的权力组织结构中，处级机构是没有权力到一个局级机构来将人带走的，因此，"请你们先到经济日报社开介绍信"。

他在《中国企业家》最重要的搭档牛文文称，"刘东华在价值观上认为企业家是社会上最值得尊重、最稀缺的人，他跟这些人天然地亲近。"当2001年媒体在纷纷质疑海尔和张瑞敏时，刘东华仍然在顽强地为张瑞敏辩护，他的逻辑是："张瑞敏比我们傻吗？"2000年是柳传志与倪光南之争的高潮时期，甚至他自己的杂志都做出了同情倪光南的报道，刘东华却问："柳传志心疼并不真正属于他的联想，谁来心疼柳传志？""如果最该被心疼的人都没有人去心疼，恐怕我们的某些规矩和习惯就真的该赶快改一改了。"正是在这之后，柳传志主动约请刘东华吃饭，这也是这两人第一次单独吃饭。相对于柳传志而言，年少气盛的刘东华一见面就说："联想的情况我知道的比较多了，但《中国企业家》的情况你知道的很少。所以今天主要是我说你听。"

和几乎所有媒体人不同的是，刘东华并没有止步在一个媒体平台上。相对于《中国企业家》而言，对更多人产生更大吸引力的是他的另外两项举动：从2002年开始的"中国企业领袖年会"活动和从2006年开始创办的非营利机构——"中国企业家俱乐部"。

由包括泰康人寿的老板陈东升和经济学家田源在内的几个人于 2000 年推动的"亚布力中国企业家论坛",刘东华也是主要的发起人之一。刘东华是前三年的中国企业家论坛执行主席,并为这个活动提供了许多资源与支持。随后他决定在 2002 年将其独立为中国企业领袖年会。除了个性古怪从不参加媒体活动的任正非之外,所有中国大陆的重量级民营企业家都曾经做过它的嘉宾。2010 年时,中国最大的互联网公司腾讯的 CEO 马化腾甚至选择在这个会议上宣布腾讯的开放战略。这是刘东华建立和这个人群的"命运共同体"的方法之一。

可以作为 2006 年才成立的中国企业家俱乐部前身的,是刘东华 1997 年在《中国企业家》为杂志创办的理事会。对于刘东华而言,在杂志早期广告还未能成为营收的重要部分时,每位理事所缴纳的理事费是杂志社收入的重要来源,同时也是他营造民营企业家的"命运共同体"的途径之一。当然,对一个媒体而言,这并不美好。西方的媒体领袖可能会感到匪夷所思,一个杂志要和它的报道对象成为命运共同体,还会通过这种方式来获取收益。但是对于刘东华而言,这只是他发现了这个人群的需求,并且去满足这项需求而已。

中国企业家俱乐部的成立也是由于这种需求。这个非营利机构的秘书长程虹说:"我们发现了一种需求,就是私密聚会的需求。比如,领袖年会嘉宾在台上讲什么当然很重要,但我会看到他们在贵宾休息室和餐厅内讨论时的热情。"如今这个俱乐部号称其成员贡献着中国 GDP 的 4%。资深外交家吴建民在中国企业家俱乐部同美国外交关系委员会的活动上介绍这个组织时说:"它与众不同。它的成员包括了中国过去二十年最好的民营企业家。而到今天为止,中国民营经济总量已经占据了中国 GDP 的一半,贡献了 80% 的就业,而只使用了 30% 的资源。在座的这些人无时无刻不在为中国中产阶级的成长与壮大作出努力。"时任美国外交关系委员会主席、克林顿时期的财政部长罗伯特·鲁宾在一旁听着。他希望这个俱乐部的成员能够支持外交关系委员会的一个计划,该计划的目的是资助美国年轻的外交官到中国学习和旅行。

"俱乐部成立之后，我跟他开玩笑说，你这是要做中国商界的骷髅会，是可以对历史进程发挥作用的。因为你可以推动这群人本身的进化。"他在做杂志时的一个同事这样说。

三

2011年11月16日晚，杨致远在斯坦福大学美术馆请中国企业家俱乐部到访美国的成员们吃饭。这是他们在美国有正式访问事宜的最后一天，此后的活动就是到风景宜人的地方打高尔夫球。因此所有人都显得格外放松。他们还在当地的商店购买了小瓶装的茅台酒，钱则来自于每次活动缴纳的迟到罚款。杨致远开玩笑说："大家如果喝多了酒，桌子椅子随便砸，可是千万别动墙上挂的画。当然，这也不是说我赔不起，就是太贵了。"曹国伟代表俱乐部向杨致远致辞，他端起红酒杯，红着脸笑了半天，然后说："其实我一直不好意思跟人说，Jerry是我的偶像。如果没有当年的雅虎，也就不会有后来的新浪。"

接下来的话题却没有这么欢乐，尽管作为主持人的俞敏洪在拼命地活跃气氛。首先是刚刚加入俱乐部，担任顾问的中欧商学院教授许小年给这群民营经济巨头们当头泼冷水，大意是你们很成功，但你们的成功更大程度上是邓小平的改革开放与中国13亿庞大的市场带来的，跟硅谷的那些美国英雄差得远。巨头们纷纷表示不忿——或许是观察者的视角问题，后来当我向俱乐部的秘书长程虹提及此事时，她认为这些巨头们很受震撼，还算虚心。刘东华站起来为他的这些朋友们辩护，历数他们在当今中国的复杂环境下如何不易，相比于美国的企业界大亨，这些中国人都是创造历史的"活化石"，身上的时代烙印和企业家精神要远远强于前者。"有很多国际知名商学院找到我，希望我能帮助他们来讲中国公司的案例，可我总是说，他们太忙了。"刘东华说。

马云则引发了群体性的情感表白。他感慨在中国做商人的命运是如此多艰，以至于从古至今，中国商人几乎无一善终。众所周知他在2011年遭遇了一系列的打击。在他讲完之后，所有人开始争相安慰他。他们表达着自己对这个群体的热爱和深厚感情，希望朋友们能够永不分离。俞敏洪说，这几乎是他唯一愿意参加的社会活动了。一名俱乐部的成员过来敬酒，然后评价说，他认为马云就像是在外面受了委屈，然后回家向家人抱怨的孩子。

出人意料的是，在众人难以抑制的情感外露时，刘东华却一直保持着沉默。他只是看着主持人俞敏洪一个一个地劝说大家发表讲话，听着众人的感慨。筵席结束后，走在斯坦福大学的校园里，他评价了一句："今天晚上有点意思是不是？"

"东华还有一个想法，就是他想做一个企业家的打滚中心。这源于他对这个人群的理解。他觉得这个成功的企业人群其实是孤独的，对彼此是有需求的。但他当时作为一个媒体人，他发现媒体是给不了这些东西的。"程虹说。程虹曾经做过十多年的平面与电视媒体，后来从山东搬迁到北京。在刘东华和20位企业家一起发起中国企业家俱乐部时，程虹成为创始秘书长。

对于刘东华而言，由他扮演连接点，让这些企业家们互诉自己的艰难时刻，或者让他们向彼此寻求支持。其中最为知名的是牛根生和他所创办的"蒙牛"艰难时刻在中国企业家俱乐部内部得到的帮助。这件事情因一家媒体将牛根生致俱乐部理事的一封信公开发表而广为人知。

另一个例子是李连杰和壹基金。刘东华帮助李连杰在中国企业领袖年会上结识了一群企业家。随后又是刘东华推荐李连杰以"社会企业家"的名义加入中国企业家俱乐部。尽管在当时俱乐部的成员心中不是没有疑问，他们担心一个演员加入到一个商人的组织中，目的是不是仅仅是为了拿到一笔钱，但是刘东华说服了他们。

在中国企业家俱乐部成立的第三年，柳传志正式担任了这个俱乐部的理事长。虽然在俱乐部成立的开始，刘东华就力主让柳传志来担任这个职务，但是柳传志一直谢绝。至于他后来为什么又接受，是因为"他确实觉得，就商业人群而言，很难再有比中国企业家俱乐部更具代表性的地方了，有影响力，价值观又健康"。现在，这个俱乐部理事长几乎已经成为柳传志公司之外最重要的社会职务。我也曾问过柳传志，他为何愿意担任这样一个机构的领导者。柳传志回答，有两个原因：一个冠冕堂皇的原因是，"企业家本身确实需要一个组织，能够代表商业群体向政府和老百姓发出正面的声音，让老百姓觉得,中国不是一个无商不奸的国家,也有人在追求理想";另外一个原因是"确实多少有点被迫",他在俱乐部是众望所归。冯仑在谈到中国企业家俱乐部时说,柳传志是主要的召集人。"如果企业家们愿意认一个企业家的话,那只能是柳传志。"程虹说。无论是出于哪个原因,让柳传志成为了这个俱乐部的理事长,柳传志都以自己的领导力为这个机构注入了与众不同的东西。比如他的目标感、方向感和务实感。从微小的方面说,则是从不迟到的纪律性。

四

一个会让所有人好奇的问题是,刘东华为什么能够做到这一点,他赢得这么多财富拥有者信任的秘密是什么?我曾经向很多人提出过这个问题。但是从没有人能够给出一个让人满意的回答。

毫无疑问,刘东华一定是个情商与社交商很高的人,这一点可不仅仅表现在他与这些民企领导者交往时。他经常说,他在《中国企业家》杂志工作的15年时间内,他在经济日报的顶头上司换了四任,但是,从来没有一个人给他指派过一个工作人员,也从来没有一个人试图影响他,让他在杂志上做某个公司的报道。仅仅这一点就足以让人称奇。当他在2002年开始做中国企业领袖年会的报道时,他的上司中曾经有人表示过犹疑与不满:"一群民营企业的老板,怎么能称其为'领袖'呢?"这在政治上可能是危险的。但刘东华没有正面与其发生冲突。相反,他取得了包括经济学家成思危与陈锦华在内的更高级别政治家的支持,悄无声息地消除了上司的疑虑。"我在驾驭他们的容忍度。"谈到曾经的上司们时,他这样说。

另一个被不止一人提起的原因是,他并不功利,他从没有急于要将自己所掌握的巨大资源变现。刘东华自己喜欢用"干净"这个词。他在同这些富有的企业家们交往时,他的不功利成为让他保持自尊的一种重要方式。虽然对方手中掌握着巨大的财富与资源,但是当与之交往者并无有求于人的姿态时,这种以巨大的财富和资源构筑的优势也就并不明显了。刘东华有一次在酒后说,即使有人愿意花100万来让他写一篇文章,他也只会让对方走开。

不过，真的有人愿意给他100万。他称自己在这些年帮"朋友们"促成过一些事情，其中有一个人愿意以金钱来酬谢他，他让那个朋友为中国企业家俱乐部提供了注册资金。除此之外，他声称自己至今家庭资产仍为负数。即使是在外人看来其中可能隐藏着巨大利益的中国企业家俱乐部，刘东华也并没有从中获取过直接的物质收益。从这个组织成立开始，发起人定下的规则就是永不分红，而刘东华自己则不会从中拿取一分报酬。"绝大多数理事都不知道为什么我比较自信，但是人家越了解，越会觉得，东华这小子在境界上还挺牛的。"

刘东华并不是不知道外界是如何看待他的，"很多人不知道。大家只是觉得，东华不过是跟那帮人关系不错，大家比较信任他，让他牵个头"。而他自己则对这个俱乐部有更高的期待。当被问到这个组织是否有可能成为像同他们交往密切的外交关系学会和布鲁斯金学会这样的组织时，柳传志的回答是现在谈论这些还为时过早，刘东华则说，这只是个过程和不同阶段的问题。

这种自信也是他最大的支柱之一。有一次，在喝茶时，他说："我一个穷人，为了让你们更富，我付出了自己的生命和最大努力，我有毛病啊！那是因为你们都是给社会拉磨的驴，我这样做是为了让你们拉得更好一些。"他认为自己的能力与贡献并不输于那些他与之交往的企业家，但是他却很少去获得回报。所以，"我确实一直有一种因自我牺牲带来的优越感"，"说句吹牛的话，他们有时更需要我，我未必那么需要他们"。

第三个原因自然是他在价值观上极度认同这些民营企业的创始人和领导者们。正如他的搭档牛文文提到的，刘东华天然地认为这群人是中国最有价值的人，是"中国经济真正的脊梁"。"改革开放，头一次说你不用以暴力推翻别人，你只要到工商局注册一个公司，你的王国就成立了。你的王国能做多大，取决于你满足市场的能力。"刘东华相信国家的竞争力在于经济的竞争力，经济的竞争力在于公司的竞争力，而公司的竞争力则取决于企业家。"他特别懂这群人。"程虹评价说。这个人能让柳传志和王石落泪，能够安慰马云和张维迎。此外，"他愿意以更柔软的身段和姿态去做一些服务性的事情"。

但是他的态度与方法并非让所有人赞叹。恰恰相反，他也会受到一些非议。其中有些人是在价值观上不认同他。号称要描述"一个阶层的生意与生活"的《中国企业家》杂志一直都被一些新闻人指责为不够客观与中立,作为其领导者的刘东华难辞其咎。还有人会将中国企业家俱乐部描述为"既得利益者俱乐部"。

但是程虹为他辩护:"我觉得舒立和东华在做同一件事情,就是推动中国商业进步和制度进步,只不过,舒立表现得像一个严父,而东华反倒像个慈母。"不过,尽管在外界看来,胡舒立和刘东华是截然不同的两种媒体人,一个被描述为勇敢的黑幕揭发者,另一个被认为是企业家阶层的代言人,但两人却是关系很好的朋友。

即使是在这个圈子内部,他也会遭到指责。这在很多时候是因为他的强硬态度,或许也有他在无意间表现出的优越感。刘东华喜欢说,欣赏你到灵魂里,批判你到骨子里。但是大多数人显然更喜欢前者,不喜欢后者。在中国企业家俱乐部内部,他曾经和个别企业家成员之间的关系非常紧张。其中一名企业家在私下里抱怨说:"我们让你来做这件事情,是让你来服务我们,而不是让你来当老大。"

"以东华的柔软是够的,但以东华的强势是不行的。那些人有时也不舒服,好像是被东华拿枪顶着,或者拽着领带往前走的感觉。当一群男人都想做精神领袖的时候,这事儿还是很难搞的。"程虹说。但是她认为这并不会妨碍这群男人之间的关系:"他们偶尔会争吵得面红耳赤,通常说话都不大会留面子。但这不影响他们是密切的朋友。"

他的老搭档牛文文在自己创办的公司第二次融资之后曾经说过一句话,他赢得了钱的认可,而刘东华赢得了人的认可。无论如何理解,这句话都说明了刘东华被这群人认可的程度。"你在西方找不到他这样的媒体人。"他的一个前同事说。

五

"什么,刘德华?""不是刘德华,是刘东华。""哦,没听过。"

在正和岛内部年会上,这个创业公司的客户拓展部门员工以娱乐的形式这样调侃。他们将自己在说服客户支付一年2万元的价格成为正和岛的客户时碰到的各种情况,编排成一个小品。其中一名潜在客户以为这是个房地产项目;另一名客户倒不在乎2万块,相反,她拿出了数倍于这个数字的钱,要求正和岛安排其和"柳传志柳老爷子"吃顿饭;一个客户的三个女秘书在听完这不是刘德华创立的公司之后失望地放下了电话。光明的结局是,《中国企业家》杂志的读者和刘东华的商界"粉丝"愉快地成为了正和岛的用户。

在他48岁时,刘东华出人意料地选择了自己从头开始创办一家公司,而不是在既有的轨迹上前行。他演讲时的激情与蛊惑能力,在商业世界的深厚人脉,以及同企业家交往时的无缝链接,都让人以为他会继续扮演一个成功的活动家和布道者的角色。这也是他驾轻就熟的角色。如果他想要做培训公司,他不见得会输给刘一秒。他甚至有能力办起一所商学院。此前熟识他的人则认为他会成为中国的施瓦布(世界经济论坛即达沃斯论坛创建者)。"这只是表面,大家看到的是,我做的是施瓦布做的事儿。但我从来没有满足于只做一个布道者。"刘东华则说。

他的一批企业家朋友成了这个新公司的投资者,根据其融资额,据称这个新公司刚一成立估值就达到了3亿人民币。按照我的理解,这个新公司可以被描述成一个较为封闭的高端社交网络,目的是为那些"成功人士"提供有价值的信息、观点和社交关系。用刘东华的话说,它会是一个"互联网的汪洋大海中的安全港湾"。"回过头来看,我20年做的是同一件事,就是为企业家提供服务,只不过我不停地在寻找最佳的模式和最佳的载体。"刘东华说。这也是他最大的变化,他开始反复提到"服务"这个词语。而在此前,这对于以布道者自居的他来说是不可想象的。

有很多人抱怨说并不知道正和岛究竟是什么以及在做什么。刘东华以他一贯的自信口吻说:"有那么多人在不确切知道正和岛是什么的情况下就成为正和岛的会员。这也很有意思。"

就像所有公司的年会一样,这个新公司的年会无外乎是公司领导者的新年问候、员工们的节目表演、抽奖和发红包,平常至极。如果没有刘东华的话,这个一贯善于鼓动人心的人,这场年会不会从喧嚣转换为沉默。在卖了足够多的关子之后,他宣布自己将要给一名优秀员工颁发一个特殊奖项,这件事情他一直保密到最后关头。特别奖是一辆价格近 40 万元的最高配置的大众途观。它被奖励给公司一名表现突出的总监，包括受奖者在内的所有人当时全都陷入了由震惊带来的沉默。毕竟，这只是一个刚刚开始创业的公司，它还没有实现设想中的巨大利润。

无论其他人如何看待，他现在就是想要获得巨大的成功，以此来获得他的那些朋友们所拥有的"巨大的现实掌控力"。据说，有一次因写作《知识英雄》而成名的刘韧在飞机上碰到刘东华。刘东华对刘韧说："刘韧啊，你可以成为一个非常好的记者。你放弃了真可惜。"刘韧拍了拍头等舱的座椅，对刘东华说："刘社长，如果继续做记者，我现在怎么能坐到你身边呢？"

现在轮到刘东华来作出选择了。仅仅"布道"已经不够，他想要创造一个有吨位的"肉身"，也无论在别人看来这件事情成功的可能性有多小。尽管他在外面听到了怀疑的声音，但他自信满满，且不留后路，"如果正和岛失败了，刘东华死无葬身之地。"他自己这么说。

张勇八年：从淘宝 CFO 到阿里巴巴集团 CEO

李翔按

　　张勇在阿里巴巴可谓战功累累。

　　他在 2007 年 8 月加入淘宝，担任 CFO。但是在那之后他就没有扮演过典型的 CFO 角色，而是越来越多地介入业务。他扶植淘品牌、接手淘宝商城，出任首任天猫总裁做大阿里巴巴的 B2C 电商。接下来，成为集团 COO，然后，接替第二任 CEO 陆兆禧，成为阿里巴巴集团第三任 CEO。当然，在这个过程中，他还创办了已经成为全民购物狂欢节的"双十一"。

　　可能是因为 CFO 出身，张勇的风格偏冷静和理性，讲话逻辑性极强。有一次他开玩笑说："马云负责天马行空，我负责脚踏实地。"

　　在他担任阿里巴巴 CEO 一年多后，我跟他又聊过一次。那一次的感觉，跟此前接触的感觉又有了变化。他在回答一些刁钻的问题时更加放松，同时也更愿意展露出自己的大局观，也不避讳对一些敏感的问题作出判断，并且适时地开个玩笑。一个职位做到他这种高度的人仍然在以如此快的速度在成长，这是让我特别意外的一件事。

> 专注和简单一直是我的秘诀之一。简单可能比复杂更难做到：你必须努力理清思路，从而使其变得简单。但最终这是值得的，因为一旦你做到了，便可以创造奇迹。
>
> ——乔布斯（美国苹果公司联合创办人）

对那个被戏称为"当上CEO，走上人生巅峰"的瞬间，"逍遥子"张勇的记忆是模糊的。

为了配合访问者，他开始努力地回忆，但仍然让人有一无所获之感。

"什么时间我还真的记不清楚了。但肯定不是5月6号，应该提前了一段时间，这是一个重大的事情，所以肯定要有一个合理的过渡期。场景好像在公司，但具体在哪里我也忘记了。是我和他（马云）两个人单独聊天的时候，正好聊到这个。当时肯定不是把我叫过去专门说这件事情，反正就是顺其自然地知道了。就是这样。"

一贯以严谨而逻辑严密著称，在他过往的谈话中，从没有出现过这么多表达不确定的"好像"：

"他（马云）跟你讲这个事情的时候，有说什么对你的期待之类的话吗？"

"好像没有。"

"你有没有做一些跟以往不同的事情吗？"

"好像真没有。"

"通常大家希望这里比较有仪式感，但实际上真没有什么仪式感。"坐在自己的办公桌前，张勇这样说。他的办公室在阿里巴巴集团西溪总部园区3号楼的6层。这里是这家中国最大互联网公司的大脑地带。从现任CEO张勇到包括陆兆禧、彭蕾、邵晓峰、王帅等集团高管的办公室一字排开。在这一层楼停留足够长时间，你就能看到这些中国互联网世界最前沿的人们在其中出入。在他们办公室的对面，是高管支持团队的办公区，以及一间间的会议室，包括多次出现在关于阿里巴巴报道中的"光明顶"。

按照张勇的说法，他平静地度过了从被马云告知自己将出任这家全世界最大互联网公司之一的CEO到5月6日阿里巴巴集团董事会通过这个任命之间的这段时间，仿佛什么事情都没有发生过。但是，他也知道自己会再一次被改变。后来，他用自己一贯宠辱不惊的平静语调开了个玩笑："我的反应好像也比较平静。他（马云）讲过，做CEO是需要做好下地狱的打算，做CEO是一个苦活。所以，他把我推下了地狱。"

陆兆禧则在来往上发送了一条讯息给张勇，称他对张勇有信心，他相信这位新任CEO能比他做得好。

2015年的5月7日，阿里巴巴集团发出马云的公开信，宣布："自2015年5月10日起，陆兆禧将卸任阿里巴巴集团CEO一职，出任集团董事会副主席……接任陆兆禧，担任阿里巴巴集团第三任CEO的是1972年出生，在阿里巴巴工作了八年的张勇（'逍遥子'）。"

这是整个CEO变更过程中唯一的仪式，完全不同于两年之前，马云宣布将CEO职务移交给陆兆禧时的场景。2013年的5月10日，在杭州的黄龙体育场，包括阿里巴巴的员工、上百名媒体记者和马云请来的商界好友，一起旁观了马云和陆兆禧的职务交接，听这位演讲大师说："我相信，我也恳请所有的人像支持我一样，支持新的团队，支持陆兆禧，像信任我一样信任新团队、信任陆兆禧。"

不管怎样，张勇这位一开始时被视为"职业经理人"气息浓厚的阿里巴巴集团高管，在阿里巴巴度过了八年职业生涯之后，成为这家公认的具有强势文化的互联网公司的CEO。连马云自己都说："说来惭愧，我以前经常说，天不怕地不怕，就怕CFO做CEO，而'逍遥子'是CFO出身。"

一

2007 年 8 月之前，张勇还不是"逍遥子"。

他是盛大网络的副总裁和首席财务官。在当时，盛大网络的创始人陈天桥和总裁唐骏，都是中国商业世界炙手可热的人物。陈天桥在 31 岁时就被《福布斯》杂志评选为中国首富——2014 年阿里巴巴集团在美国整体上市之后，马云才一度成为中国首富，尽管他不止一次表示自己并不在乎"首富"的头衔和自己究竟拥有多少财富。2004 年从微软中国区总裁位置离职加入盛大的唐骏，则被媒体称为中国的第一职业经理人。

这一年夏天，正在香港出差的张勇接到猎头公司的电话，在电话里，猎头问他："有一个公司叫阿里巴巴，你愿不愿意了解一下？"这是一家专注于服务四大会计师事务所员工和离职员工的猎头公司，曾经在安达信和普华永道就职的张勇自然在他们的名单上。而阿里巴巴正在为它的急速扩张找寻人才。

一年之前，阿里巴巴刚刚将百安居中国区总裁卫哲挖过来，出任 B2B 业务的总裁。后来王石在接受采访时还曾经对此表示过惊叹："卫哲在百安居时一直和我们有业务合作。后来我纳闷，IT 公司怎么从传统行业挖人呢？对马云，最起码我知道了他在用人上别具一格，这给我们的震动非常大。"当然，在当时谁也没有想到，5 年之后，卫哲离开的方式更加震动人心。

张勇知道阿里巴巴，知道这是一家正在迅速增长的电子商务巨头。而且，他不可能没有听说过，阿里巴巴集团的 B2B 业务正在谋求于当年晚些时候独立上市。在他表达了肯定的意向之后，猎头继续说："如果有空的话，他们的 CFO 约你明天早上在香港文华东方酒店吃早饭。"

于是，张勇在香港第一次见到了当时阿里巴巴集团的 CFO 蔡崇信。

蔡崇信在 1999 年 5 月第一次见到马云，随后辞去自己在瑞典投资公司 Investor AB 的工作，加入阿里巴巴。这是阿里巴巴历史上的一个传奇故事。一个出身律师世家、毕业于耶鲁大学、年薪数百万美元的典型的精英人物，愿意领取月薪 500 元人民币加入一家杭州的创业公司。

阿里巴巴的第二任 CEO 陆兆禧则在 2000 年加入公司，他是随着阿里巴巴的一次并购进入公司的。尽管今天阿里巴巴的并购行为让人惊叹，但在当年，那是这家后来四处出击的公司的第一次并购。陆兆禧是被并购的网络传真公司的广州代理，他在阿里巴巴集团的第一份工作是广州大区销售经理。后来在陆兆禧历任阿里巴巴集团当时所有核心业务支付宝、淘宝和 B2B 业务总裁时，他在阿里巴巴内部就已经是一个励志故事。

现在，轮到了蔡崇信将阿里巴巴集团的第三任 CEO 雇佣到公司。

对于这名后来成为阿里巴巴传奇人物的首任 CFO 和他在阿里巴巴的第一个老板，张勇说："Joe 给我的感觉是温文尔雅，很绅士，很讲道理的一个人。"

他们一定是聊得很好，所以，周五在香港文华东方酒店吃完早餐之后，回到上海，下一个周二，张勇就买好了从上海到杭州的火车票，一天之内见了马云、当时淘宝网的总裁孙彤宇以及当时阿里巴巴的首席人才官、今天蚂蚁金服的 CEO 彭蕾。

尽管张勇称，"已经记不清楚"当时都聊了些什么，但是他见到的人中，马云是中国商业世界最有个人魅力的商人之一，彭蕾以她的沟通能力和对人的同理心知名，孙彤宇则曾被视为阿里巴巴内部一个极为出色的领导者。

"上海人通常都不愿意离开上海。我接到过很多机会，一些公司找 CFO 或 VP（副总裁），一般我都说不。唯独这次例外，我觉得淘宝很新奇，电子商务应该是未来，所以当时就考虑了一下。"张勇回忆说。

他去跟太太商量，因为这不仅仅是换一份工作那么简单，如果他答应了去阿里巴巴工作，那他就必须搬到杭州。结果出乎意料，太太对阿里巴巴和淘宝反而比他还要熟悉，原因是她会经常逛淘宝并且在上面买东西。这就是一个有魅力的公司品牌对人才的号召力。一如惠普、苹果、Google、脸书拥有或曾经拥有过的那种魅力。

8 年之后，当他再次跟太太说，他要做阿里巴巴集团的 CEO 时，太太已经显得很平静。"没什么反应，她说也挺好的，那就做呗。"张勇笑着说，"反正也没办法说不要做，对不对？"

"当时是 8 月初，我答应了之后，跟天桥（盛大创始人陈天桥）有一个沟通，我答应帮他做完那个季度的业绩发布，然后再到这边来。"张勇回忆说。2007年8月28日，盛大公布了截至2007年6月30日的第二季度未审计财务报告，同时宣布，自2007年8月29日起，副总裁兼首席财务官张勇辞去在盛大的职务，由总裁唐骏代理首席财务官。

2007年8月30日，张勇到杭州上班，出任淘宝网CFO。在当时，这被视为淘宝网单独分拆上市的准备和前兆。他为自己挑选了"逍遥子"的花名，同时搬到了杭州一处喜来登酒店。在此后八年时间中，他成为这家酒店的长期住客，在周末时才返回上海。

"你会发现在工作状态下其实住酒店是最容易的一种方式。有人洗衣服、有人收拾房间，晚上饿了有夜宵，有健身房、有游泳池，也不用交水电费、电话费。这几年下来，酒店上下没有不认识我的人。"张勇说。

这一年的11月6日，阿里巴巴B2B在香港联交所成功挂牌，股票代码1688。上市当天，阿里巴巴市值达到260亿美元，超过了新浪、搜狐、网易、盛大和携程市值的总和。在全球范围内，它是仅次于Google、eBay、雅虎和亚马逊的第五大互联网公司。

二

后来，张勇总会被问到，在盛大工作时的感受和在阿里巴巴工作时有何不同。毕竟，这两家公司在中国互联网世界都备受关注。陈天桥和马云一样，都是商业世界里标志性的人物，都会让人产生无限好奇。

张勇的答案是，"很不一样"。但对他而言，这里面的不同，更多的却是他自己职业的转变。

"在盛大我更多还是一个典型意义上的CFO，工作内容更多是财务上的工作，包括处理投资以及投资者关系。但在阿里巴巴，角色就不一样了。我其实从2008年开始就慢慢地管业务了。"张勇说。

"这个角色的变化也体现了两家公司的不同。阿里更富多样性，并没有严格规定CFO该做什么。在别的公司像我这样的人是不可能做业务的。"张勇说。这种差异性连商家也能感觉得到。旗下拥有瑞士军刀威戈等多个国际箱包品牌代理权的 UTC 行家电子商务事业部总经理曹轶宁，第一次听到"逍遥子"这个名字，是同事惊慌地跟他说，有一个叫"逍遥子"的，警告说要把 UTC 行家在淘宝商城上的店关掉。因为刚刚开始做电子商务对淘宝规则并不清楚，因此才会遭到这种警告，曹轶宁大吃一惊，忙问"逍遥子"是谁，凭什么要关我们的店？同事回答："'逍遥子'是淘宝的 CFO。"曹轶宁更加吃惊："淘宝的 CFO 还管这个？"

他以 CFO 的姿态进入淘宝网，曾经有一段时间兼任淘宝的 COO。但是在阿里巴巴的八年时间里，他更多的是管阿里巴巴的 B2C 业务，也就是先后和淘宝商城、和天猫联系在一起。

马云和 18 罗汉创立阿里巴巴时，这家公司的主营业务是 B2B。阿里巴巴搭建了一个网络平台，帮助中国的制造业企业将其产品展示和销售给海外的买家。2003 年时，马云和他的团队决定做一家 C2C 公司淘宝，这是受到 eBay 的触动。2003 年的 3 月，eBay 通过以 3000 万美元收购易趣网 33% 股份的方式进入中国。当年 4 月，马云开始组建团队秘密筹备 C2C 项目。马云后来回忆说："如果说我不采取任何行动，三五年之后等到 eBay 进入 B2B 市场，它的钱比我们多，资源比我们多，全球品牌比我们强，到那个时候对阿里巴巴来说，就是一场灾难。"

淘宝击败了 eBay，成为中国市场最大的 C2C 电子商务公司。2006 年时，马云宣布与 eBay 的大战结束，淘宝网已经占据了超过 70% 的市场份额。随后淘宝网的优势还在继续扩大，而 eBay 也低调地退出了中国电子商务市场。

但是另一家电子商务巨头在中国的布局却被忽视了。2004 年 8 月 19 日，亚马逊宣布 7500 万美元收购卓越网，这家 B2C 电子商务巨头正式进入中国。也是在 2004 年，一直在中关村销售电子产品的刘强东开始进入电子商务领域。京东商城在今天已经成为一家市值超过 450 亿美元的电子商务巨头。

阿里巴巴在电子商务 B2B 和 C2C 的市场建立起了绝对的统治地位。B2C 的市场被这个中国电子商务巨头暂时忽略，因而也成为了 2004 年之后电子商务创业热潮最集中的地带，诞生了包括京东、唯品会、聚美优品、一号店等一批公司。

在张勇进入阿里巴巴之前的 2006 年，包括当时的淘宝总裁孙彤宇和负责公司战略的资深副总裁曾鸣在内的公司高层，在淘宝战略会议上提出，"我们判断未来的发展，B2C 市场会逐渐扩大"。随后淘宝推出了一个新项目"品牌商城"。2007 年，淘宝网将整个网站运营分为三个业务部门：二手、集市和商城。时任淘宝网总裁助理，后来担任过天猫总裁的王煜磊（花名"乔峰"）画下了这张业务图。

不过，淘宝在 B2C 上的努力却是一波三折。2008 年 4 月，淘宝网成立了独立运营的商城事业部，由当时的淘宝网副总裁黄若负责。但是，仅仅过了 6 个月，独立运营的商城事业部就被解散，重新并入淘宝。这期间还伴随着淘宝网自身的人事变动。2008 年 3 月，淘宝网总裁孙彤宇离开淘宝，黄若也在年底离开。接替孙彤宇担任淘宝总裁职务的正是后来成为阿里巴巴第二任 CEO 的陆兆禧。在此之前，陆兆禧是支付宝的总裁。看上去不苟言笑的陆兆禧成了形象古灵精怪的淘宝网的总裁，而淘宝 B2C 业务则落到了原本是淘宝网 CFO 的张勇的肩头。

"商城是 2008 年 4 月份成立的，但到年底的时候其实挺不顺利的。由于原来的领导离职，下面的团队也很容易散掉，只剩下二十多个人了。"张勇回忆说。当时张勇还兼任着淘宝网的 COO，两个向他汇报的总监分别负责着淘宝商城的招商和运营，但是，第一，"这样分肯定做不好"；第二，"淘宝太大，大家都不把重心放在这上面"——这家公司正经历着典型的"创新者的窘境"，即原有业务的成功正在阻碍着新业务的生长，因为原有业务吸引了绝大多数的人才、资源和注意力。

张勇讲了一句话："既然爹妈（两个直接负责的总监）都不心疼，那就只能爷爷（越级负责的 COO）自己干了。"他决定直接来管这块处在困境中的 B2C 业务。

后来，"逍遥子"张勇主动请缨来做淘宝商城的事很快就在公司内、入驻淘宝商城的商家中流传开来。"当时去做商城很简单，不是我想做，而是我不能看着它死掉。我觉得这个业务不能死掉。为什么我要自己去做，因为我坚信 B2C 在未来是一个大的趋势，是阿里巴巴不能失去的一块。没人管，那我就自己去管。"张勇说。

他在 2009 年的 3 月接手淘宝商城，4 个月后，商城事业部重新恢复独立运营。

也是在这一年,张勇"发明"了"双十一"。"双十一"后来成为阿里巴巴内部一年之中几乎最重要的事件,阿里巴巴的公关部会邀请数百名记者前来见证每一年的销售奇迹,马云本人也会邀请他的各界好友来共同参与。不仅如此,这一天也是所有电子商务公司和众多线下商场都会参与的购物节日。

但第一年的"双十一",张勇只是出于一个朴素的目的发起的:"当时是淘宝商城诞生的第二年,很多消费者不知道这个品牌,我们想通过一个活动或一个事件,让消费者记住'淘宝商城'。"他和同事一起挑了11月11日作为活动的时间,原因是这一天处在十一和圣诞节之间,是一个理想的促销时间点。

那个"双十一"当天,后来是历届"双十一"总指挥的张勇甚至没有在杭州,而是飞到北京出差。而那一年"双十一"淘宝平台的成交额是5200万。

三

2005年下半年的一天,陈天桥突然把包括张勇在内的团队叫过去开会。陈天桥对他说:"张勇,你去算一算,如果《传奇》免费,我们的收入会下降多少?"

这是个让人吃惊的问题。从2001年11月28日开始运营的《热血传奇》是盛大最受欢迎的游戏之一。正是这款游戏的成功,将盛大推向了当时中国互联网公司中在线娱乐之王的地位。它让盛大在2004年登陆纳斯达克,也让陈天桥在31岁时就成为中国大陆首富。即使是在它运行的第四年,这款游戏已经老化,进入衰退期,但在宣布免费之前,2005年的第三季度,《热血传奇》仍然贡献了盛大35%的收入,达到1.55亿人民币。

"当时所有人都反对,这还得了!免费不就没了吗?!"张勇回忆说:"这就是创业者的本能,置之死地而后生。眼看着游戏的收入每个月都在下降,还不如换一种模式,也许能够重生。"

陈天桥力排众议。2005年11月28日,盛大宣布包括《热血传奇》在内的三款游戏免费运营，不再依靠出售游戏点卡按时长收费，而是通过为玩家提供增值服务来获取收入。盛大的这一举动将中国网游带入了免费时代，网络游戏公司的商业模式被免费战略重塑，转而靠为玩家提供增值服务来获利。

"结果赌对了，盛大游戏又焕发了第二春。从那以后到我离开，盛大连续六个季度超预期增长。"张勇说，"当时我是团队的一员，我钦佩他的胆识。这就是最鲜活的经历，发生在身边，自己又是其中的一部分。你能感觉到这种创业者需要的勇气和坚持。"

张勇对这件事情印象深刻。出任 CEO 之后，他在 7 月 1 日同阿里巴巴一些年轻的总监们交流，在被问到"做业务最重要的品质是什么"时，他又想起了在盛大经历的这个故事，以及他开始做淘宝商城之后的经历。他回答说，这个最重要的品质是"孤独的坚持"。

在主动请缨去做淘宝商城之后，他很快就会遇到这种"孤独的坚持"的时刻。"我一直坚持着，也有孤独的时刻。但是，有的东西慢慢随着时间的推移，当真的看到价值的时候，大家也会认可。"张勇后来说。

2010 年是国内 B2C 电商狂飙突进的一年。早在这一年的年初，刘强东就放言京东的全年销售会突破 100 亿元，到 2011 年初公布全年数字，京东 2010 年的销售额是 102 亿元。凡客在这一年卖出了价值 12 亿元的衬衫、牛仔裤和帆布鞋。这两家公司的增长率分别达到 300% 和 400%。投资人也为之疯狂，京东和凡客都号称自己的估值已经超过了 10 亿美元，而他们的最新融资额，也都以亿美元为计算单位。在这一年年底，老牌 B2C 电商公司当当网在纽约证券交易所公开上市。上市之后，公司创始人李国庆嫌投行为自己公司股票定价过低，还在微博上大发牢骚。

B2C 业务在阿里巴巴内部的重要性也在增加。淘宝的商城业务已经不再是张勇主动请缨接手之前的黯然境况。虽然相对于 2009 年整个淘宝交易平台全年 2000 亿的交易额而言，淘宝商城仍然是个新生之子，第一届"双十一"也只创造了 5200 万的销售额，但在 2010 年初，连马云都说，要给淘宝商城一个独立域名。

到了 2010 年 11 月，淘宝商城域名独立。按照 2011 年初艾瑞咨询公布的数据，淘宝商城在 2010 年的全年销售额为 300 亿人民币，领跑 B2C 电商。但整个淘宝交易平台这一年的成交额已达到 4000 亿人民币，商城在其中所占比例不到十分之一。

这一年的 11 月 11 日，张勇在杭州指挥了商城的第二次"双十一"。这一次，单日交易额达到 9.36 亿元，相当于每秒成交 1 万元。11 日的 12 点过后，他和他的同事们都看到了这个数字。尽管同今天我们看到的"双十一"数字相比，9.36 亿显得并不庞大，但相对于 2009 年，这已是一个巨大的进步。

在华星时代的办公室中，商城的同事们已经开始庆祝，但是张勇却没有加入这个狂欢。他一个人待在自己的办公室内，关上门，静静地抽了两根烟。后来跟他共事的同事们都会知道，当张勇遇到巨大的压力或者内心情感有巨大波动时，他的习惯不是当众宣泄或者借助运动，而是把办公室门关上，一个人抽烟。

当时，他还以为这是自己亲自指挥的最后一个"双十一"。曾经出任百度 COO 的叶鹏在这一年的 9 月加入了阿里巴巴，出任淘宝网副总裁并且分管淘宝商城。按照公司的安排，张勇不再兼任淘宝商城的总经理，而是专注于自己 CFO 的工作。

"我们说好做到年底交接。所以 2010 年的"双十一"，我指挥完以后，知道到年底这个业务我就不做了。看到"双十一"很成功，会有一些反差。当时心里确实有一些伤感。"张勇说。

在他的回忆中，这件事情是他在阿里巴巴八年的职业生涯中，"比较有挫败感的"，甚至超过了随后我们会提到的 2011 年的"十月围城"事件。

另一件让张勇受到冲击的事情发生在 2011 年初。在这一年的 2 月 21 日，阿里巴巴 B2B 公司宣布，董事会委托的专门调查小组用了一个月时间对阿里巴巴 B2B 平台上的客户欺诈投诉进行调查，发现 2009 年和 2010 年分别有 1219 家和 1107 家"中国供应商"客户涉嫌欺诈。除了关闭涉嫌欺诈公司的账户并提交司法机关参与调查之外，上市公司阿里巴巴 B2B 的 CEO 卫哲和 COO 李旭辉引咎辞职。

卫哲先于张勇一年加入阿里巴巴，可能因为二人都是公司从外部引入的高级管理层，他们在随后迅速变得熟悉。"他的离开非常突然。临时通知我们大家开会，然后宣布这件事情。当然大家都知道什么原因，但即使这样还是感觉很受冲击。你能感受到卫哲在努力控制自己的情绪。"张勇说。

卫哲离开之后，淘宝网的总裁陆兆禧开始兼任上市公司阿里巴巴B2B的CEO。

不过，张勇离开淘宝商城的时间只延续了半年。4个月之后，以"拥抱变化"作为价值观的阿里巴巴再次宣布了一项人事变动：从2011年6月16日起，淘宝商城总经理叶鹏调任阿里巴巴B2B-CBU（中国内贸事业部）业务总经理，张勇则重回淘宝商城担任总经理。

这一天也是淘宝商城的"独立日"。阿里巴巴宣布将淘宝拆分为三家公司：C2C的淘宝网、B2C的淘宝商城和电商搜索引擎一淘。马云在内部将B2C定义为正面战场作战的"刘邓大军"。在媒体上，也有不少人认为，这次拆分，是阿里巴巴集团将B2C的淘宝商城分拆上市的前奏。

2011年对阿里巴巴而言是多事之年。就在张勇回归淘宝商城的前一天，马云刚刚出席了在杭州总部举行的记者沟通会，解释支付宝的股权结构调整问题。

四

"当年我为什么能迅速成熟起来，是因为没人替我做决定，我必须自己做决定，哪怕是错了。张勇今天不可能再出商城事件、商城暴乱。他还会让这种情况出现吗？不可能了。他比谁都懂，这就是曾经的痛苦带给他的。我没有说过张勇。你去问张勇，那次事情之后，我有没有去批评过他，没有。因为我知道他已经知道自己的错误了，而且不是他的错，只是方法问题。"马云如此提到2011年给他本人以极大震动的事件之一：张勇回归主政淘宝商城之后，对淘宝商城的招商规则做了一次调整，因而引发了被称为"十月围城"的小商家围攻淘宝商城事件。

独立之后的"淘宝商城"迅速做了两件有影响力的事情。

第一件事情是邀请独立电商入淘，张勇称之为"开放的B2C平台战略"。受邀并决定加入淘宝商城平台的，是除了京东、卓越和当当之外的几乎所有独立电商。

第二件事情则是，张勇想要借助每年同商家续签合约之前的例行规则调整，趁势提高入驻商家门槛，将淘宝商城真正定位于品质，以区分于淘宝网的多样性。新规在2011年10月10日公示之后，其中提高技术服务费和提高保证金这两条被广为传播，并被解读为淘宝商城要抛弃小商家。结果这引发了针对淘宝商城大商家的有组织的攻击行为，如恶意拍卖之后再利用淘宝商城无条件退货的规则要求商家退货。攻击前后持续了一周，淘宝方面最终做出了一定让步，政府部门也介入此事，做了调解和调查。

张勇后来称那是"艰难的一周"，但是他不会为自己的决定后悔。"你最后必须要做决定……你要考虑更长久健康的事情。很多东西很难十全十美，只能尽力做得更周全。如果一直在困扰纠结当中，或者压力当中，你就很难做出正确的决定，你的内心必须足够坚强。"

马云说不会为此而责备张勇一句，而张勇则说，在整个事件中，他对马云个人感到愧疚，因为整件事情，"对他（马云）是不公平的"。对商城的攻击后来还包括了对马云个人的攻击，甚至有人在香港街头为他设立灵堂。这对2011年本已艰难的马云而言，是一件雪上加霜的事情。

不过，这已经是淘宝商城最后一个广为人知的磨难。而且，定义和成就一家公司的，从来不是它经历过多少磨难，而是它最终所能取得的成绩。第三年的"双十一"很快就给了他机会来证明淘宝商城仍然在快速地前进，尽管刚刚经历过"十月围城"。

当时的淘宝商城市场总监应宏（花名"魄天"）第一次同张勇开会就是向张勇汇报2011年"双十一"方案。他刚刚从阿里巴巴B2B调到淘宝商城一周，用他的话说，"星期天还代表B2B在广州出差，星期一就代表淘宝商城做'双十一'方案，然后星期五就要跟老逍汇报"。在阿里巴巴内部，一直跟着张勇工作的人，男性习惯称他为"老逍"或"老大"，一些年龄偏小的女性，则称他为"逍爸爸"。

那一次会议，让"魄天"应宏认定"逍遥子"张勇是一个"感性"的人，而不是外界通常认定的总是一脸严肃、逻辑严密地谈论业务的人。

"魄天"做的PPT的第一页，用红色字体写了几个标题大字，"'双十一'狂想"。再往后翻,"魄天"提出要把"双十一"从"光棍节"变成"网购狂欢节"。

结果,"老逍一看那个PPT封面,双手一拍腿,说,这就对了!这个主意靠谱!""魄天"回忆说。这成为"魄天"参与的三届"双十一"提案会中最快结束的一次。会议只开了一个多小时。然后"魄天"和团队当天晚上兴高采烈喝啤酒庆祝提案顺利通过,"之后就再也没这么顺利过了"。

"我觉得是那个PPT让我迅速进入了状态。""魄天"将自己能够迅速融入淘宝商城,并适应张勇的工作风格归结于他在PPT中对"双十一"的大胆想象。他提出的"狂想"和"网购狂欢节"都切中了张勇的想法。

淘宝商城独立和"十月围城"之后,张勇迫切地需要一场胜利。然后,这场胜利来了:2011年"双十一"成交额上升到52亿元,其中淘宝商城贡献了33.6亿元。

"从那儿以后,'双十一'就是个事儿了。""魄天"说。商城在内部的地位也越来越重要。

2012年年初,淘宝商城更名为"天猫",据说这个名字是马云坐在马桶上想出来的。随后天猫又选择了一只古灵精怪的猫来作为自己的LOGO——社交网络上网友评论说:"呦,马总亲自代言了。"

这一年的"双十一"真正震撼了所有人:当日交易额191亿元,其中天猫成交额132亿。而"双十一"也不再只是这家中国最大电子商务公司的一个品牌活动和网络促销,张勇说:"几乎所有商业形态都全民总动员了……'双十一'已经从一个线上的消费者的活动,开始变成一个整体的消费者的节日,它不再是属于电子商务的一个节日,它是属于消费者的节日。"

经过了天猫独立和"双十一"狂欢,2012年天猫整体交易额超过了2000亿元,整个大淘宝电子商务平台这一年前11个月的总交易额则突破了1万亿元。以B2C占整个交易平台的比重来衡量,代表B2C的天猫已经因其高成长性和巨大的体量越发重要。按照阿里巴巴在上市之前提交的报表中的数据,2014财年淘宝总GMV为1.172万亿元人民币,天猫总GMV为5050亿人民币。到了2015财年第四季度,淘宝平台GMV增长至6000亿元人民币,其中淘宝3810亿元,天猫2190亿元。

天猫毋庸置疑已经越来越重要,它也验证了张勇最初对B2C的判断。

在 2012 年的年底，张勇用钢笔手写了一封"情书"，然后请他的人力资源总监菲蓝复印之后发给他的同事。在这封信中，张勇说："我们在一起整整三年了。三年前天猫还是一个出生不久、生死未卜的婴儿，经过我们三年用心浇灌，天猫如今已经出落成一个亭亭玉立、人见人爱的大姑娘了。我们一起走过的这三年，共同赢来很多辉煌，也有很多的苦和痛一起来背。不知不觉地，我感到不只天猫很重要，你也对我很重要了。"

五

张勇说，他做淘宝商城和天猫的心态，是一种创业的心态。只不过，他是在庞大的淘宝内部来创业。正因为如此，"我们有时候会比较骄傲地讲，某种意义上，天猫团队是集团竞争最多的团队，是打仗最多的团队，也是战斗能力最强的一支团队"。天猫市场总监"魄天"说。

在淘宝商城和天猫时期同张勇配合工作的人力资源总监菲蓝也有同样的感觉："老逍在淘宝其实是很有影响力的。凡是跟他一起工作过的同事都有在一起战斗的感觉，同事们愿意和他一起工作，都很信任他。"而且彼此之间也是如此："今天你让我把后背交给冲虚（张勇在天猫时期的公关总监），我没有二话。哪怕他干砸了，我顶多踹他两脚，再骂一句你怎么干砸了！就是这种感觉。"

"魄天"说，天猫团队的战斗力是被有着张勇个性的工作方式训练出来的，"他的工作方式和套路影响了我们很多人"。

这种工作方式和套路就是：有宏观上的战略谋划，敢于做决定，同时又喜欢揪住细节一问到底。这同张勇是一个 CFO 出身的 CEO 有关。CEO 必须具备宏观思考能力，一个好的 CEO 还必须勇于做决定，但由于做过 CFO，张勇又对数字和细节格外敏感。不止一位同事曾经提到，经常正开着会，张勇就突然指着一个正在播放的 PPT 页面说："你这根曲线做得好像不对啊！"

"他喜欢刨根问底。问到你真的需要了解非常前线的具体执行情况才能知道的细节。比如说我跟支付宝那边沟通好了。他马上会问，支付宝哪个部门？是谁？叫什么名字？什么叫沟通好？具体怎么沟通的？后来他管的东西越来越多,他希望了解自己看到的东西,下面到底是不是结实的。"从2011年开始就跟张勇一起工作的"魄天"说。

张勇称自己这种揪细节的方式为"捅刀"。甚至在他被董事会任命为整个阿里巴巴集团的CEO之后,他也没有改掉自己这种"捅刀"的习惯。

他的同事总结他的一个工作方式为"戳三次"。"他喜欢戳三次。戳三次你都很顺利过关,那说明你准备得很充分,他就觉得基本上这个事情问题不大。戳一次,被他戳到漏洞,他觉得有点问题,那他会再找一个地方,再戳一次。如果三次都有问题,在他看来这个事情肯定没有准备好,会有很大的瑕疵,需要重新去弄。"

甚至天猫的商家也能感受到张勇的这种风格。UTC行家电子商务总经理曹轶宁回忆说,有一次张勇和商家们开会,一个做家具的商家提出,经常在天猫上一搜索,出来的第一页都是几十块到一百块的商品,这是淘宝的玩法,对天猫的商家是不公平的,"好的沙发不可能有这种低价"。"老逍很快就说,他早就注意到这个问题,还有多少品类也有同样问题,他马上就把数据报了出来。我了解的都没有那么细。"

后来,有天猫的小二要去跟张勇汇报工作,因为知道曹轶宁这种大商家经常接触张勇,就去问曹轶宁,自己需要注意些什么。曹轶宁给出的建议是,"大方向讲清楚之外,千万要把所有的数据和具体的规则好好复习一遍,别觉得老大们只关注宏观的东西,别被他问住了"。

"他是一个既能够站在云端,又能够非常落地的高管。一看就是非常职业的状态,一板一眼,但实际做事情的时候,格局非常开阔,而且也没有妨碍他对微小事情的处理。"曹轶宁说。

在内部开会时,张勇喜欢说,战略是干出来的。被要求总结自己的风格时,他说,阿里巴巴的风格是"天马行空、脚踏实地","马总天马行空多些,而我的风格是脚踏实地多些"。但这并不表示张勇只是一个对细节和执行有偏执追求的实干家,对战略的思考就不多。

"魄天"记得,在张勇还是天猫总裁时,张勇有一次带着他以及当时的天猫副总裁"乔峰",去跟集团的CFO蔡崇信开会。会议的主题是,天猫要申请追加预算。当时已经是下半年,按照已经过去的大半年中天猫的数据预测，张勇的天猫团队是可以超额完成 KPI（关键绩效考核）的。于是，蔡崇信问了张勇一个问题："老逍，天猫今年发展这么好，都可以超额完成集团的指标，你为什么还要追加预算去砸市场？"

张勇的回答是，就像一个国家一样，他要的不仅仅是表面意义上的增长，他要的是整个经济结构的变化。换到天猫，"我要的是整个天猫业务结构的变化"。整个淘系电商非标品是最强的，这也是万能的淘宝的由来。但对 B2C 电商而言，标品往往占据整个销售额的绝大比例。作为天猫的总裁，张勇"希望借这个机会，调整天猫的'产业结构'，把标品在整个销售中的占比提升上来"。

"那一番话讲完之后，我们所有人都没想到他是这样的思路。Joe 五分钟不到就拍板了。他只问了一个问题。"魄天回忆说。

这次会议也是"魄天"印象中最为深刻的一次工作会议。因为"它对我来讲是一次启蒙。很多事情并不是对就是对，错就是错，好就是好，而是要从不同层面来理解这个事情。这是迄今为止对我的工作方式影响最大的一次会议"。

张勇对自己带出的这支团队，自然是关心有加。"魄天"说，有一段时间他太太身体不太好，张勇见到他，就会很关切地问"你老婆现在怎么样了，有没有需要帮助的"。

有一天从电梯里出来碰到菲蓝，张勇对这位负责天猫人力资源的大管家说，菲蓝你要去关心一下刚刚那个同学，他最近好像不太好。"他说了一个名字，发现我根本不认识。回去一查，是一个一线小二，离他不知道隔了多少层。"菲蓝说。

张勇在天猫工作时期，每到饭点儿，他的办公室内会支起一张小饭桌。他请阿姨做了饭送过来，一个人又吃不完，索性每次就多做一点，然后请一些同事来一起吃。

六

背负赫赫战功，2013 年 9 月 10 日，张勇的职务从 B2C 事业群总裁变更为阿里巴巴集团首席运营官，向在4个月前接替马云出任集团CEO的陆兆禧汇报。他管理的范围从之前的天猫扩展到淘宝、聚划算、航旅、本体生活、一淘、阿里巴巴国际事业群、1688技术部、共享业务事业部等所有同PC端交易市场密切相关的业务。直到这时，他在天猫身上投入的时间才开始变少。

在此之前，他在天猫的同事们，默认只要在晚上十一点之前，都可以直接打电话给他汇报工作或讨论问题。但他仍然是随后两年"双十一"的总指挥。毕竟，这一节日由他开创，所有同电商相关的业务又都由他主管。

在这一年的9月23日，阿里巴巴集团发布了即时通讯工具来往，作为在无线端同微信抗衡的工具。CEO陆兆禧和董事局主席马云都跳出来为来往站台。从两个媒体的标题就可以看出他们在当时的决心："马云：宁可死在来往路上，也绝不活在微信群里"；"陆兆禧：阿里愿为'来往'付出任何代价"。

但是显然"来往"并没有能够撼动微信在移动端的地位。旋即，在2014年的3月4日，原本由CEO陆兆禧直接掌管的无线业务，交由已是集团COO的张勇负责。曾经在天猫担任张勇的副总裁的"乔峰"，被任命为天猫总裁，分管天猫和聚划算。花名"行癫"的张建锋出任淘宝网总裁。

张勇在无线上的思路由他在掌管无线期间的两个标志性举动定义：力推手机淘宝以及百川计划。

在2013年9月的一次总裁会上，张勇请与会的阿里巴巴集团的决策者们一起思考这家电子商务巨头的无线战略："今天的阿里巴巴应该从哪个方面切入，原来我们在做PC上的电子商务，而在移动上的电子商务，我们是不是应该重新定义'电子商务'四个字是什么……我们是不是需要在另外的行业，比如从通信产业切入。"

"对于产业的判断非常重要，哪些产业是我们必须要去做的，哪些产业是我们必须要去放的。尽管我们现在日子比较好，也有很多钱，未来还会更多，但是我们要有主线。当然可以用创业的方法去布点，但一定要有主线，这样我们整个集团的资源才能集中在一个方向去布局。"张勇说。

"今天这个会，这么多人齐聚一堂，能做决定的人都在了，做决定后就往前走。"受命执掌无线业务的张勇说。

这个会议最终的决定是将手机淘宝客户端确定为整个阿里巴巴在手机端最重要的战场,"我们达成一个共识,基于原来市场地位的无线化在各个客户端上各自进行,但在消费体验的创新上我们集团就做一个客户端"。

接下来,在两个月后的集团组织部大会上,张勇提出,"整个集团把无线作为最重要的战略"。

押注手机淘宝让阿里巴巴在无线业务上惊险一跃,至少暂时度过了移动互联网带来的挑战。2013年11月12日,张勇在"双十一"媒体沟通会上说,在这一年"双十一"的350亿成交额中,超过四分之一发生在无线终端。到2015年5月7日阿里巴巴集团发布的2015财年第四季度财报,阿里巴巴集团已经可以宣称自己在移动电商上拥有"无可匹敌的领导地位",在这个季度,阿里巴巴中国零售平台移动成交额占比超过了50%,移动端月活跃用户增加到2.89亿人。手机淘宝已经是全世界最大的移动电商平台。

张勇在无线战略上的另一个重要举动是2014年10月14日宣布的百川计划。百川计划是一项无线开放战略,阿里巴巴集团希望通过为各个无线端细分的APP开发者开放它所拥有的技术能力、数据、计算能力和电子商务能力,帮助各个细分APP成长,在移动端构建这家公司总在提及的"生态系统"。

一方面,张勇倾注资源将手机淘宝变成移动端的一个超级APP;但另一方面,他又相信移动互联网时代是去中心化的,因此,他希望能够借助百川计划,在阿里巴巴提供的技术、数据和商业化平台上建立起一个去中心化的生态体系。

在一次内部会议上,有人站起来提问,百川计划到底重不重要,张勇反问:"每一次百川的大型活动我都要亲自去站台,这意味着什么?"

张勇在COO任期内另外一件被称道的事,同他在投资上的布局有关。不过,这一次更多是借助投资的手段。张勇和阿里巴巴集团战略投资部副总裁"刚峰"(花名)一起主导了对海尔日日顺、新加坡邮政、银泰百货的投资。

"老逍从理念上一直觉得要打造一个很强的生态体系,这是他的思考方式。""刚峰"说。张勇会从提高消费者体验、提高整个价值链效率、是否能改变现有行业运作范式以及是否有助于整个生态体系四个维度来考量一项投资。他在负责业务时，对同他在投资方面搭手的"刚峰"等反复提及这几个方面。

"从这些项目的执行难度到投资后的整合难度，过了五年十年再看，这些都会是经典案例。它需要执行者的眼光、决心和执行力。投委会也要看你讲的是否有道理，讲完了也要看你有没有执行力。""刚峰"说。

不过，另外一件事情就没有那么愉快了。它涉及人事，在架构调整中被任命为天猫和淘宝网总裁的"乔峰"与"行癫"都曾和张勇做过多年搭档，他的团队正在成长为可以独立执掌一块业务的领袖之才。正如张勇在2012年底给团队的手写信中所言："依赖往往是相互的，人的情感是相连的……也许你没有感觉到，我多希望你能帮我越来越多地分担这份责任和力量。"他的团队正在为他分担责任和力量。

看着他的团队成员成长为一个业务部门的总裁，他不会想到一年之后他需要做一件让外人看起来残忍的事情：他必须将"乔峰"从天猫总裁的职务上免去，而这个年轻人是他做淘宝商城和天猫时最重要的助手之一。

"我的信条是心要善、刀要快。你对事情要负责，对人要理解，要感同身受。"张勇说。2009年时，"我自己动手，把一个从2000年开始就在公司的'老阿里'直接'干掉'，因为他有商业操守的问题。跟我在一起的同事都下不了手，人离开之后大家都哭了"。

"该怎么处理就怎么处理，包括今年天猫总裁的转换。要直接把问题讲清楚，今天整个业务发展中碰到的瓶颈，作为总裁对这件事情有哪些地方没有做到。首先处理事情要公平，其次要在合适的时候完整地表达意思，而不是让人大吃一惊。"

张勇不会公开表达自己内心的波动，但想必他也曾经将自己关在办公室内抽烟。用他自己在深情流露时对同事讲的话说："也许你敏锐一点，就会发觉我办公室烟灰缸里的烟头数量是随着我的心情在变化的。"

七

2013年9月，张勇被任命为阿里巴巴集团COO时，一些商家曾在小范围内私下议论。"我们有很多的猜测,是不是遇到了什么问题,老逍做COO之后是不是权力会变小。因为我们觉得天猫总裁是封疆大吏,COO能做什么,马云和老陆(陆兆禧)都这么强。"UTC行家电子商务总经理曹轶宁说。

张勇此前做淘宝商城和天猫的经历,不但让他在淘宝内部声望甚高,也为他赢得一批商家拥趸。曹轶宁就总喜欢说自己是"逍遥子"的粉丝。安踏董事局主席丁世忠、海尔集团轮值总裁周云杰等传统行业大亨也同张勇多有交往。

"我觉得传统企业应该要感谢老逍,无论是大商家还是小商家。"曹轶宁说。

2009年时,曹轶宁开始在杭州组建UTC行家的电子商务团队,并且在当时的淘宝商城开店。"当时我们做电子商务,传统企业都嘲笑我们说,你们去淘宝卖货,是不是地面店卖不掉啊?"曹轶宁回忆说。但是今天已经没有一家线下渠道商再会说出这句话。

"我真的觉得,传统企业发展电子商务,真正应该感谢的人是老逍,我们传统企业应该联合起来给老逍发一个奖杯。很多中小卖家很感谢阿里巴巴、淘宝和马云,传统零售业和制造业转型做电子商务,应该感谢天猫、老逍和马云。"曹轶宁说。

张勇喜欢跟商家互动,了解商家的想法。早年在商家圈子里流传着一个说法,商家跟腾讯电商的人开会,基本上是商家在讲,腾讯在听;跟京东开会,大家是互相交流;而跟阿里巴巴的人开会,基本上是阿里的小二在讲,商家们在听。但是张勇在同商家开会时,却一反阿里的风格,"他更愿意听,听的过程中,他会不停地问问题。"曹轶宁说。他第一次见到张勇,正是在淘宝同商家的一次会议上。张勇带着当时还在负责淘宝技术架构的张建锋("行癫")一起过来。张建锋回答商家们提出的各种问题,张勇则在一旁听着。只是到后来,张勇被迫当上了天猫的代言人之后,他才开始代表天猫发表一些讲话。到今天,张勇可能是阿里巴巴高管中公开发言和接受采访最多的一位。不过,由于他每次都只是谈论战略和业务,从不会因为大胆言论引发争议,也不会谈论自己,因此张勇仍给媒体留下低调的印象。

除了天猫本身的体量,张勇能够赢得传统行业做电子商务的商家的支持，一个原因是他总是反复在强调电子商务应该作为公司的整体战略，而不是公司电子商务部门的战略。这是他对商家在思维方式上的反复强调。"传统企业刚开始做电商时，很可能把电商当成一个下水道，但真正开始做电子商务，需要改变的地方很多，包括公司的架构。所以老逍跟我们开会时，会直接说这个问题是在你们老板身上，需要你们整个企业做出改变。"曹轶宁说。张勇甚至会主动问曹轶宁，是否需要他自己出面，"去跟你们老板讲这些"。

现在将电子商务作为公司战略几乎已经是所有传统行业公司的共识。"电子商务是集团战略，是我自己在分管。"安踏集团董事局主席兼 CEO 丁世忠说。丁世忠执掌着中国最大的体育用品企业，安踏体育在 2014 年的全年销售额达到 89.2 亿元，净利润 17 亿元。"我们在线下的江湖地位是第一，我们认为我们在线上的江湖地位也要做到第一。这是一个重要的问题。"丁世忠说。

另外一个原因是："双十一。""双十一"把电子商务的威力最直接地展现在了传统商家眼前，"硬生生地把电子商务的模式通过这个事件很清晰地展示给我们商家看"。UTC 行家从 2009 年开始参与"双十一"。有一年的"双十一"，UTC 行家备了一万个拉杆箱的货在仓库里。当时，正好代理品牌的代表去参观，曹轶宁把他们拉到仓库，指着那一万个拉杆箱说，这只是我们一天销售的量。"老外那时候不知道'双十一'是什么，但马上跟我们签了十年的代理协议。"

张勇出任 CEO 之后，马上就进行了一次巡回的商家拜访，从阿里巴巴集团的各个业务中挑选出几个代表，"走了一圈"。"其实我做业务以后就一直比较喜欢跑客户。做 CEO 以后，第一反应还是听一下商家的声音。"他说。

在一周时间内，他跑了包括北京、上海、临安、广州、深圳、厦门等城市。拜访的商家，包括安踏这样的行业巨头、淘宝村里的商户以及做跨境电商物流的正在崛起的公司。

"他们原先就是坐在家里做生意，像百货公司一样。店大，不怕找不到客户。但张勇现在考虑的一个最主要的问题是，主动去了解，在未来的发展当中，更多的企业和更多的品牌，在天猫战略中是什么位置？"安踏集团董事局主席兼 CEO 丁世忠说。他和张勇在厦门安踏总部谈了两个小时，互相聆听对方的建议。

"他很明确。阿里巴巴希望跟各个行业当中的领先的企业进行合作，因此首先要了解需求。过去他们是提供平台，让品牌进去销售。现在"逍遥子"给我提了一个跟过去不一样的情况，他想为各个行业的领导品牌，量身定做在天猫的发展战略。"丁世忠说。

四年之前，张勇担任天猫总裁时，他也曾带着团队到厦门去拜访丁世忠。丁世忠一贯低调，很少出席活动，同炙手可热的互联网企业家们几乎没有交往，但在此之后却和张勇成为好朋友，并且也曾到杭州阿里巴巴总部拜访。"阿里巴巴是非常大的公司，但每一次跟他交流，让我印象深刻的是，他做事情执行力非常强。我们交流过的事情很快就有进展，他速度快、执行力相当强。比如他跟我们承诺的事情，第一个礼拜都能够给我们反馈。细节的地方，他会给我发一个微信，告诉我工作的进度情况。"丁世忠说。

在 5 月底一次被称为"施政纲要"的演讲中，张勇也在反复强调商家的重要性。他的说法是，整个公司要回到初心，"让天下没有难做的生意"，"今天做生意的方法变了，如果我们想继续跟随我们的愿景，让天下没有难做的生意，那么我们首先要了解我们的客户在做什么生意，他们有什么痛，我们怎么样帮助他们去解决这个痛。"

"我们必须要从只关注 C（个人消费者）走向同时关注 C 和 B（商家），特别是现在这个阶段，我们需要更注重于 B，只有注重 B，我们才能把我们的惯性扭转过来，我们才有不同的思考，去服务于我们的客户、服务于我们的市场。"张勇在"施政纲要"演讲中说。

对于大部分互联网公司而言，张勇的这种说法有点像是冒天下之大不韪。在过去，所有的互联网企业家和互联网思想家都在反复强调个人用户的重要性，而且认为其重要性无论怎么强调都不为过。个人用户代表着流量，因此也代表着价值产生的可能，互联网公司甚至要通过免费和补贴的方式来吸引他们。张勇却说："互联网经营通常是用户为先，就是消费者为先，但其实在我们这个时代，两者应该是平衡的。我们过去一直强调消费者，这时候反而要更强调客户和商家，从他们的视角来看电子商务和互联网对他们的影响，以及他们能发生的变革。"

八

在被董事会任命为阿里巴巴集团的 CEO 之前，就已经有人在猜测张勇有可能成为这家中国最大互联网公司的 CEO。张勇出任 CEO 就像两年前陆兆禧会接替马云成为集团 CEO 一样，并不那么让人感到意外。

张勇过去 8 年在阿里巴巴的经历使他有足够的资格成为阿里巴巴的 CEO。他以内部创业的姿态主导了天猫的崛起，创造了让这家公司自豪的"双十一"购物节——"双十一"也开启了互联网公司"造节"的先例，但是后来的模仿者还没有一个能够造出像"双十一"这样成功的节日。他在 COO 职务上接手集团的无线业务之后，虽然并没有能够奇迹般地创造出一个像微信这样的移动端产品，但包括手机淘宝在内的移动产品的表现同样不俗。

他还拥有年龄上的优势。阿里巴巴集团的 CPO（首席产品官）彭蕾在一次会议上开玩笑说，当然应该让 70 后来管理这家公司，只需要看一看"逍遥子"的例子就明白了，高管在一起开会，从早上一直开到晚上，所有人都头昏脑涨，只有"逍遥子"越开越精神，头脑越来越清楚。

如何保持过人精力是连他的同事都好奇的事情。如果有人问到，张勇会笑着讲起他第一份工作的经历。在从上海财经大学毕业之后，张勇加入安达信，安达信受到安然事件影响，被普华永道合并之后，他也随着进入了普华永道。在会计师事务所工作的经历，让他习惯了高强度的工作。"这可能是因为受到我第一份工作的训练。安达信的工作对我人生的影响非常大，上班第一天就是这样工作的。"张勇说。

好奇者会接着问："你的意思是累着累着就习惯了？"

他的回答是："对！"

菜鸟网络的总裁童文红说："我觉得自己够努力了，但我发现老逍比我还努力。我做菜鸟这两年，真的挺辛苦的，经常是晚上很晚才走，但我出去的时候基本上看到他的车还停在那里。"

作为一个在阿里巴巴工作过 8 年的员工，他在面对"老阿里"时没有任何负担。这一点甚至从 2000 年开始就在阿里巴巴工作的前任 CEO 陆兆禧都无法做到。

蔡崇信在 2014 年初接受《福布斯》杂志采访时曾经提到："在我看来，现在陆兆禧比半年前刚担任 CEO 时感觉好很多。回想当时的情况，我觉得他可以将我视为马云的合伙人。我是创始人，他不是。这是 2013 年 5 月的情况。现在，他是 CEO，他是那个该发号施令的人。换成我，可能会这么想：如果我发号施令，他会不会挑战我，毕竟他比我资历老点。我努力让他在 CEO 位置上感到舒服，这就是我当时所做的事情。"

"从来没有（心理障碍），这可能是我一直待到现在的原因。我不会觉得自己是个新人，现在也没觉得变成老手。做人简单一点，这是我一直在坚持的信条。不要想那么多，事情本来是怎样就怎样，该怎么做就怎么做。这样反而容易建立信任（相互信任的关系）。"张勇说。

他和阿里巴巴的重要高管都曾在工作上合作过：蔡崇信最早在香港挑选他进入淘宝，最初面试他的人中包括马云和彭蕾，他在淘宝网做 CFO 和 COO 时，在工作上最直接的合作伙伴是接替孙彤宇出任淘宝网总裁的陆兆禧。

"事情可以复杂，但人要简单。"张勇说。这种简单化哲学有时候可能让他做出在外人看来超出自己责权范围内的事情。

UTC 行家电子商务总经理曹轶宁回忆说，在同商家的会议上，会有商家抱怨在大淘宝平台上的搜索结果，以销量为重要标准的排名，会造成低价的"假货或山寨货"冲击商城中的品牌商家。但即使是抱怨者也觉得想要改变很难，毕竟这需要去改变整个淘宝的搜索规则。

"很可能的结果是，我是淘宝商城的总裁，淘宝不归我管，我基本上就到此为止了。但是老逍不会，他可能做了很多内部工作，来造成整体上的改变。这是他的格局。他能够非常公事公办地去把这个问题解决掉，我觉得这肯定会让老马和公司高层感觉到他的能力和担当。"曹轶宁说。

这种哲学也可能让他讲出公司老员工会觉得非常吃惊的话。曾在天猫担任人力资源总监的菲蓝记得，在判断一个重要职务应聘人是否合适的事情上，菲蓝和业务部门的总监发生了分歧。业务部门总监认为候选者没有问题，但菲蓝却态度坚定地否决了这名候选人。张勇介入了此事，他问菲蓝坚持不通过的原因是什么。菲蓝回答说："这个人身上没有阿里味儿。"张勇反问："什么叫阿里味儿？"

菲蓝的反应是当场愣住。很有可能在阿里巴巴的历史上还从来没有一位高层管理者会以带有挑战性的姿态公开提出这个问题。"他是希望帮助你更清晰地去表达，去看清楚问题的本质。"菲蓝说。但她也因此发现了，"他会有自己的想法，想要去影响阿里"。

张勇在出任 CEO 之后提出，要平衡 C（消费者）和 B（商家）的关系，甚至在一段时间内要倾向于 B，这也是一个例子。他在出任天猫总裁时就已经在内部有过类似提法。张勇曾经说，天猫要做共和党，而淘宝则是民主党（在美国的两大政党中，民主党强调的是多元化和平等，共和党强调的则是公司主义和自由贸易）。这对一个一贯强调用户至上的互联网公司来说，是不可思议的。比如美团网的创始人王兴就始终强调，美团的排序是：用户第一、商家第二、美团第三。

这也让他被阿里巴巴内部员工认为，他是一个想要有所改变的新任 CEO，而不会被困在阿里巴巴集团已有的光环之下。毕竟，过去 16 年的阿里巴巴已经被证明是一个巨大的成功。而成功会为所有既有的文化、规则和行事方式带来合理性。任何改变都会被视为对这种合理性的挑战。但所有人也都知道，改变是必然的，如果不是主动地有所改变，结果可能是被动的改变。

张勇自己说，排在新 CEO 面前的三项主要工作分别是：1. 制定和推动战略的实施。他在被称为"施政纲要"的演讲中已经描述了阿里巴巴的战略地图，但重要的是要将战略变成现实；2. 为未来而布局，包括从一个终端走到多个终端，从国内走向国外，线上和线下的融合等；3. 对年轻人的培养和组织变革方面的工作，他反复提及的，是从传统的树状结构到符合移动互联网时代的网状结构。

《财经天下》周刊记者很直率地问张勇："你会担心自己成为马云阴影下的 CEO 吗？"张勇回答说："第一，马云的存在是客观事实；第二，是不是阴影，完全取决于你怎么做。马云肯定希望他挑选的人能够成功。所以，要考虑的是怎么样去利用好董事会主席的资源，而不是把他看成一种负担。"

张勇总是呈现出一种稳定不变的形象：头发梳得一丝不乱；中规中矩的衬衣、西服和皮鞋；不笑时显得非常严厉；喜欢语速不变地谈论业务问题，而不喜欢谈论自己——他知道有传言说他太太是马云的妹妹，"当然是胡扯"，但是他也不肯再多讲。

想要激怒一个稳定不变的人并不是一件容易的事情，"我随手在网上搜，看到有媒体对你的评价是'最低调也最无聊'"。

张勇仍然微笑，语调没有任何变化："挺好的。每个人都应该有保持自我的权利。"

单元思考

程 维

　　创业就是在半夜推开一扇门，走一条看不见的夜路。只有走出去，你才能知道有什么问题。心力、脑力、体力都是挑战。心力第一，脑力第二，体力第三。首先你要有心力支撑自己往前走，鼓励自己、鼓励大家去面对挑战。脑力是你要开始学习。不能避免犯错误，但也不能所有错误自己都经历一遍。你必须去学习，去跟身边的创业者学，跟前辈学，到创业以外的领域学，去看古代的战争，去看历史。体力上，必须要有旺盛的意志和战斗的能力。战斗是没有停顿的。

刘东华

　　在他48岁时，刘东华出人意料地选择了自己从头开始创办一家公司，而不是在既有的轨迹上前行。他演讲时的激情与蛊惑能力，在商业世界的深厚人脉，以及同企业家交往时的无缝链接，都让人以为他会继续扮演一个成功的活动家和布道者的角色。这也是他最驾轻就熟的角色。此前熟识他的人则认为他会成为中国的施瓦布。"这只是表面，大家看到的是，我做的是施瓦布做的事儿。但我从来没有满足于只做一个布道者。"刘东华则说。或许正因为这样一个布道者身份，在这过程中深刻洞察了企业家们的所思所想，了解这一人群互相交往交流的需求，让刘东华毅然决然地摆脱旁观者的身份，创办一家服务企业家的企业。

张 勇

　　在一次被称为"施政纲要"的演讲中，张勇反复强调商家的重要性。他的说法是，整个公司要回到初心，"让天下没有难做的生意"。"今天做生意的方法变了，如果我们想继续跟随我们的愿景，让天下没有难做的生意，那么我们首先要了解我们的客户在做什么生意，他们有什么痛，我们怎么样帮助他们去解决这个痛。"在过去，所有的互联网企业家和互联网思想家都在反复强调个人用户的重要性，而且认为其重要性无论怎么强调都不为过。张勇却说："互联网经营通常是用户为先，就是消费者为先，但其实在我们这个时代，两者应该是平衡的。我们过去一直强调消费者，这时候反而要更强调客户和商家，从他们的视角来看电子商务和互联网对他们的影响，以及他们能发生的变革。"究竟是"消费者为王"还是"客户为王"，将这个关于企业定位的核心问题思考清楚，或许本身就是一个重大创新。

第 3 单元

转型：如何深度迎接变局

光伏：冬天里的施正荣

李翔按

最后证明这是一个关于失败的故事。

施正荣，这位曾经的中国首富最终还是没有能够挽救自己一手创建的公司。2013年的3月18日，无锡尚德太阳能电力有限公司债权银行联合向无锡市中级人民法院递交无锡尚德破产重整申请。两天之后，法院依据《破产法》裁定对尚德太阳能电力实施破产重整。

施正荣自己也被迫出局。2012年8月15日，他将CEO的职务交给自己请来的CFO金纬。随后，他和金纬的矛盾又被暴露在媒体上。2013年的3月4日，他又被迫辞去了董事长职务。围绕着他的，是关于他控制的公司同上市公司尚德电力之间的关联交易传闻，以及债权人对他在重组公司期间的不满的诸多传闻。

施正荣那张紧闭双眼，以手揉脸的照片再次出现在无数的报道之中。这张照片上，施正荣的脸上布满疲惫和无力。

这个故事的背后，是整个太阳能电池行业的衰落。直到今天，这个行业也没有走出它的低谷。

> 我相信人生没有解决不了的问题。
>
> ——中山素平（兴业银行前董事长）

《探索》频道的中国人物志成为对施正荣的孤独的赞美。

这组从2011年12月22日开始播出的系列人物纪录片，将施正荣和成龙、杨丽萍、钟南山放在一起，视为中国梦的代表，以及这个正在崛起的国家当中成功人物的缩影。而从这部片子开始拍摄到它最终播出，施正荣的公司尚德电力的市值已经被命运用锋利的不景气之刃削去了将近10亿美元，从片中所称的14亿美元减少到4.16亿美元。它的股价也从一度超过85美元下跌到2.5美元左右。

在这个糟糕的年份，似乎没有比施正荣更好的代表了——正像对于中国经济的一路狂奔而言，也没有比他更好的代表一样。作为太阳能电池产业的布道者、践行者与领导者，繁荣时人们将荣耀归功于他，凋敝时人们也不可避免地要将衰败的责任归咎于他。在2011年，责备施正荣是这个行业最流行的事情。人们称他终于走下神坛，失去了"太阳王"的光环，没有能够为这个危机中的行业提供真知灼见，而仍然沉浸在谈论自己拯救地球的空想之中。

同时，因为一个自诩的爆料者和郭美美引发的慈善危机，他和无锡尚德被卷进对慈善的流行性质疑中，不明就里的人们指责他为伪善者。因为媒体报道出的高管不断离职，他开始被视为一个在管理上乏善可陈的失去人心者。有传言称无锡尚德在申请破产，也有传言说施正荣的公司要被韩国LG电子收购——随后两家公司都发表公告否认这个收购传言。最后一击是记者从它的三季度财报中找到计提1000万美元人员遣散费用的信息，推测这家公司将迎来一波裁员。

"我的使命就会让我遭到这些误解，我经常这么想。"在谈论了所有这些灰暗的消息之后，施正荣倔强地说。而在旁观者看来，他有些惊慌失措。一位出席了2011年年末由几位光伏产业大亨参加的应对美国双反调查发布会的记者说，当他向施正荣提问尚德如何应对目前的困局时，施正荣有些不耐烦地回答："今天只谈行业，不谈尚德。"这个记者评论施正荣说："他不大会应对公众，明显有些恼火和失态。"

对于出生于1963年的施正荣而言，2011年是尚德成立的十周年——在无锡新区尚德附近的街道上悬挂着尚德为庆祝十周年所悬挂的横幅"为价值欢呼"。这一年也是他的第四个本命年，在中国的传统中，人们总认为在这样的一年中会不太走运，但是在海外生活了十四年的施正荣对这个说法绝口不提。正像很多出身贫苦而终于取得世俗成功的人一样，施正荣对自己而不是对他人或外部力量，有着强烈的信念，他更相信自己。他无意中提及，从小到大，"有很多人问过我，你有没有偶像……我没有偶像。你要问我为什么，我也不知道"。

他的故事的确能够成为一个经典而常见的励志故事。他出生在江苏扬中的偏僻乡下，出生后就和自己的双胞胎兄弟分开，被送给一户姓施的人家。为了能够让他读大学，他的父亲施贯林让另外的三个孩子全都退了学，而这个唯一完成学业的孩子也果然争气。在长春读完本科后，他到上海读了研究生，然后又取得了公费赴澳大利亚留学的资格。学业结束后他就足以成为家庭的骄傲，因为他取得了澳大利亚公民的身份，成为当地的太平洋太阳能电气公司的研发团队的负责人。但是这还不够，他需要的是一个更大的成功。他携带着自己的妻子张唯和两个在澳大利亚出生的男孩返回中国大陆，四处寻找创业机会，一度被人讥笑为骗子，但终于在现在的公司所在地无锡找到了知音。在无锡市政府的支持下，他在2001年创办了尚德电力，在四年后将其在纽约证券交易所公开上市。上市没有多久，在尚德电力的股票超过30美元时，以他持有的股票市值计算，他成为当时的中国首富，身价接近200亿人民币。

在这个过程中人们总是议论着他和政府的关系。后来施正荣干脆用这样的话来概括无锡市政府和尚德之间的关系："无锡市政府诞生了尚德，又再生了尚德。"他解释说："诞生，是如果没有它一开始的支持，就不可能产生这家公司；再生，国有股退出也是因有政府的支持才能实现。"

"如果没有无锡市政府，是不可能有这家公司的。在无锡市政府的强力支持下，无锡当地的八家国有企业，七凑八凑凑了650万美元，才使尚德能够成立。"成立之后，施正荣把所有的精力先后投入在建厂、产品生产和市场销售上，他画了尚德产品的第一张图纸，同时扮演着"总工程师、总设计师和总经理"的角色，通过低成本扩张的方式让尚德在2004年进入了世界光伏企业的前十强。

接下来，施正荣遭遇了他所认为的创业过程中的最艰难时刻——围绕着尚德的控制权的争夺。"当时政府考虑到，我是一个科学家，对外打交道不是我的强项，所以政府就请了一个退休的政府官员来公司担任董事长。这很正常，也是很好的安排。"施正荣回忆说。尚德的第一任董事长李延人曾任无锡市经贸委主任，因此毫无疑问在同尚德最早的那些国有企业股东们打交道，包括同本地银行交往融资时，他具有天生的优势。但是这个安排中的一个漏洞是，尚德的董事长并不是尚德的股东。

对于这段公司史，施正荣是这样描述的："2001年和2002年，应该讲董事长是毫无私心地支持公司。但是2003年下半年，他可能受了其他人的影响，心态有些变化。因为他不是股东，所以，是不是想通过某种方式成为股东？从我的角度来讲，我跟所有股东都讲过，我们大家是不是可以让点股份出来，送给董事长，因为他对公司贡献很大。当时股东们跟我讲，最好是在2004年实现了公司的业绩以后，再开董事会做决定。但是，事情就在2004年出现了。""当时也是通过无锡市委市政府做出决定，董事长是在2004年年底正好第一届任期结束后，他就退休。"

此后，关于这段历史的流传版本甚多，无外乎施正荣通过各种手段将尚德第一任董事长排挤出公司的决策层，而自己独揽大权。"大家总是讲，好像我为了把公司拿到我自己名下才……我有那么大本事就好了。"他开玩笑说。

"我是把董事长作为我的父亲去尊敬的。"在李延人离开时，他获得了尚德给予的200万现金和一部奥迪车。尚德在2005年上市之后，施正荣称他还将自己套现出的现金中的一部分赠予李延人。

这件事情给施正荣的最大教训是，他开始明白了什么是公司控制权："说实在的，在这个事情之前，我不知道什么叫公司控制权。"这让他开始有意识地在国有股股东想要控制公司时，主动争取无锡市政府的支持，击退了这种尝试。他对随着自己搬迁到无锡的太太张唯说："如果这个公司不能按照我的意愿来做，我们就打包回家。一股不要，一分钱也不拿。"在包括当时的无锡市政府领导层的支持下，施正荣获得了公司的控制权，并且清退了最早进入的国有股。他用典型的中国式语言描述了那次决定了他在公司命运的董事会："在这样的情况下，经过2004年8月份的国有股逼宫，到2005年的3月24号开的那个董事会，确定了我在尚德的领导地位。"

他认为自己问心无愧，因为他让那些早期的投资者拿到了投资三年平均十五倍的回报。他也对那些主动退出的国有股股东心存感激，"像小天鹅集团，它就认为接下来的钱已经不是自己该赚的了"。

后来他常常感慨，几乎在每次演讲中都会提及，这十年的最大变化是，"十年之前是人找钱，十年之后是钱追人"。他认为，真正的风险投资在中国大行其道，"恰恰与尚德的私募成功有很大关系"。

"那个时间段更艰难一些。"在被问及同当下相比，哪段经历让他感觉更艰难时，施正荣思索了一下回答说。如果从正面来理解这段经历，那么，"总体感觉，对人的意志的磨炼非常有帮助"。他甚至说，相形之下，2008年的金融危机是"小菜一碟"。

他的成功使自己成为整个家乡的骄傲，而他也毫不犹豫地回报他们。"扬中人都知道，扬中市主干道上一半的路灯都是施正荣捐赠的。"施正荣高中时的班主任陈道生说。施正荣还通过陈道生向他所读的那所高中捐赠了100万，他不是个吝啬的人，在长春他读过的大学中，也有施正荣设立的1000万人民币的奖学金。他的太太张唯称，通过他们设立的由汇丰银行托管的家族基金会，施家至少已经在国内捐赠了1500万。因此，当罗凡华指责施正荣诈捐时，施正荣的第一反应是"义愤填膺"，恨不得立即跳起来出门找人理论。他也自称："我这个人很不愿意负人，点滴之情当涌泉相报。而且，我是能不麻烦别人就尽量不去麻烦别人。这是我的性格。"

因此，尽管施正荣宣称自己并不是不能承受所有这些负面消息的重压，"总体上我是个抗压能力很强的人"；但如果说他毫不在乎，那显然也是对他的误解。当被问到他希望自己在公众面前呈现的是怎样一种形象时，他的第一反应是："完美的形象。"随后，可能考虑到如此的说法确有不妥，他修正为"真实的我"。"有人说我要面子，我不知道我会不会同意，可能潜意识里……可是我不知道有谁不要面子？"他突然反问。

在他最初列出的误解清单上，"要面子"一说就这样被他接受了。他重视荣誉，也渴望得到认可。这从一个例子就可看出：他曾经提出过一个观点，经济全球化的驱动力是便宜的能源和便宜的劳动力，而随着能源价格与劳动力价格的上升，全球化会在物理层面慢慢消退，取而代之的是区域经济的发展。正是在这种观念的支配下，尚德在全球建立了多个工厂与销售网络。而随后，他在包括《新闻周刊》和《经济学人》上看到了表达类似观点的文章后就自得地说，"当时我还把文章拷贝下来，你看，名头那么大的经济学家的观点都和我一致。"另一个例子是，在接受访问之前，他让自己的同事传过来一篇新近发表的文章，在这篇对施正荣不无批评的文章中，作者列举出了施正荣对光伏产业的一系列判断。让施得意的正是，这些判断最后都被证明是真的。"他以为是我拍脑袋想出来的，其实那都是我的智慧。"施正荣说。

但是他说，"我很低调"。虽然他也会得意地称，在很多国际性的场合和聚会中，他往往是在场的唯一一个中国人，但他并不是社交动物。"高档的酒会，跟名人相聚，我最不愿意去。有时候喝完鸡尾酒我就会偷偷溜走，到旁边跟几个朋友喝点小酒、吃饭。那种感觉更好。"对于他而言，频繁的旅行、演讲和社交，为的是推广这个产业以及这家公司。

另一个让施正荣耿耿于怀的看法是，人们在提到他时，总会认为他过于理想主义，而欠缺商业所需的实用主义，"好像现在出了问题都是我一个人的错，我太理想主义，没把公司管好"。"有人讲制造是很辛苦的事情，是几分钱几厘钱在做，而我给人的感觉是谈制造的细节不够多……可我一直认为，我要看的是更大的方向。"他举例说，大公司的毛利如果不超过30%会很难生存，而"毛利能达到30%甚至40%，这是你天天抠那几分钱能抠出来的吗？"同时，他也并不认为自己是个忽视细节的人。他自认是个非常关注细节的人，也自豪于自己能够随时跟客户探讨太阳能电池的技术细节。跟随他多年的下属、如今主管着尚德五家电池与组件工厂的龙国柱说，施正荣会在到工厂转悠时一发现问题就打电话给他，甚至包括像工厂地面不干净这种事。"我只是强调，除了关注细节之外，还需要有大思路。"施正荣说。

正是这种大思路牵扯到一直让尚德和施正荣被人诟病的"战略与决策失误"。这些决策中最著名的就是尚德同MEMC签订的为期十年的多晶硅供应合同，协议价格为每公斤100美元左右。多晶硅价格在2010年和2011年的暴跌让尚德的这份长单成为紧握在手中的一枚火炭，随着时间推移似乎只会加剧疼痛——多晶硅价格跌破100美元之后，迅速又跌破50美元，然后更加迅速地跌破30美元。尚德最终在2011年以2亿美元的代价终结了这份长期协议。做出这个决定正是源于施正荣的这种大思路："我们的商业模式就是我不做上游，不做硅片。我的分析是，任何一个成熟的产业，不可能有一家公司是从头做到尾的。"

在理论上，施正荣信奉的因专业分工而不做全产业链的选择并无错误。但是现实让他付出了代价。同MEMC的十年协议也成为施正荣事后反复思量的决定之一，"实际上正是这个合同导致了后来做很多事情的方式的改变。如果这个合同不签，我们很早就会做硅片"，"归根到底，一切都是那个合同，那个合同改变了尚德"。

"我也有过反思，在一个产业没有成熟的时候，甚至是非常初级的阶段，全产业链是有一定优势的。因为供应链本身不健全，如果你自己能掌握供应链，就能够控制利润水平。随着产业慢慢成熟，再转向专业化可能会更合适。"经过了这种反思与现实的昂贵教训之后，尚德决定自己做50%的硅片，剩下的一半通过采购，这样既可起到调节作用，又能在将来转向专业时保持一定的灵活度。

同样被质疑过的另一个决定也让施正荣愤愤不平，即尚德开始做薄膜电池的行动。"有人说因为我原来是搞薄膜的,所以对这种技术情有独钟",而施正荣则认为,之所以开始建立薄膜生产线,是因为他判定用薄膜电池玻璃来取代目前的膜墙玻璃正是未来趋势。"我甚至对我们的市场销售人员说,开始的时候你就跟客户讲,这只是带有颜色的玻璃,当人们能够接受它时,你再说,其实这种玻璃还可以发电。"这种判断也让施正荣一开始投资就手笔不小,尚德建立的薄膜生产线有6平方米大,而不是通常的1平方米。"从一开始我就对华尔街讲得很清楚。它不像有些人说的那样,纯粹是为了满足我的个人愿望。"他辩解道。

在这些后来被指为失误的事件中,真正让施正荣感到痛苦的是高管的离开,或者说高管的不得不离开。它最初让施正荣感到困惑,后来觉得痛苦,而后又开始产生被误解的委屈感,"好像我众叛亲离一样"。

这种痛苦是由这家公司的高速增长带来的。施正荣用了十年的时间将无锡尚德从零变成一家年销售额超过30亿美元的公司,但即使是这种速度也不会让他满意。在《探索》频道拍摄的中国人物志纪录片中,施正荣仍然在公司内部对员工们说:"如果全球电力的5%是由太阳能电池提供的,那我们是没有能力来完成这个需求的。所以我们的发展速度要非常快。"后来,他和他的首席技术官也都用这种巨大需求量的前景来说明,光伏产业并没有饱和,冬天也终会过去。

高速的增长带来的组织膨胀,让施正荣开始意识到自己必须转变从前那种事必躬亲的管理方式,转而依靠建立完善的制度和高管团队。2008年前后,他开始有意识地请咨询公司来为尚德设计组织架构,并且请猎头公司四处寻找新鲜血液加入尚德,这就是媒体经常提及的施正荣爱用空降兵的由来。"华为不也是一样嘛。华为也是在十年左右的时候开始做这些事情。"施正荣引用华为的例子来说明自己所经受的本就是公司成长的必经之路。

但是不管是自己培养的创业高管还是从外部延请的高手,在之后都有离去者。其中最经常被提及的就是尚德的CFO张怡和曾任施正荣助理的副总裁邵华千。自称平生最不愿意"负人"的施正荣自然对这种离去感到痛心疾首。"谁不愿意让跟你一起创业的人,从原来的经理做到副总裁,再到高级副总裁?大家一起走过来,那多好啊!"施正荣感叹道。但是他也知道,"不一定每个人都能成功走出这条路"。

痛苦也由此产生:"如果有些管理者不能跟着公司成长,我必须要请别人来做。如果这些管理者能够把自己的位置定位好,那就比较好。但如果雄心很大,又满足不了这个位置的要求,就比较痛苦了。"而施正荣在这方面又是个优柔寡断之人,"我不能啪地做出决定,我也是试图帮他们找到他们满意的位置"。

他的妻子张唯同尚德所有的创业高管都有交情,并且也认识所有的新的高管。因为每当施正荣想要延请一位外部人士加入尚德时,总会请张唯也来见一下,"他比较相信我对人的感觉"。张唯替她的丈夫辩白说:"媒体说很多高管离他而去,其实那些高管离他而去并不是因为真的主动要这样,而是他们都犯了这样那样的错误……比如那时候让他做外汇对冲,公司没人做,后来一下子亏了很多钱。他就说,唉,是我的错,我的错。他总是首先说自己错,他是老板是最终责任人没错,但毕竟还有事故责任人这一说啊。"

张唯总是称施正荣是劳碌命,"有的时候真的是觉得他很可怜"。而当张唯试图劝施不要这么累时,"他总会跟我说,你不懂,尚德是我的 baby。这时候我就会说,拜托,你还有两个孩子好不好?"她有时候看到尚德的传闻,就会对施正荣讲,这时候在外面总是压抑自己不快的施正荣会迸发出自己的不耐烦:"怎么你也来跟我讲这些?你为什么不相信我呢?我难道不是最有资格评价这家公司的人吗?"

尽管不断有人离开,但是施正荣仍然为他新近引入的高管自豪,其中就包括通过谈判结束 MEMC 十年长单的供应链管理高级副总裁罗鑫和 CFO 金纬,他甚至称这两个高管是"十全十美"的。"他们也教会我,不该我管的事情我就不要管。经过对一些事情的处理后,我会觉得,以后我不要再管这些了。"之前施正荣有事必躬亲的习惯,也有写邮件同时抄送给多个负责人的习惯,而在罗鑫和金纬身上,他自觉地发现自己还是给予充分信任和充分授权为好。

回到所有人都更为关注的问题——尚德如何度过整个行业的冬天,施正荣虽然拒绝了在公开场合回答这个问题,但是,现在他承认,目前对他形成最大困扰的问题,"当然是如何过冬了","首先度过冬天,然后在其中能够抓住机遇,让公司更强大"。

他一直在提醒整个行业注意的产能过剩问题终于爆发，而尚德作为行业的领导者也未能幸免。尽管尚德刚刚上任半年多的首席财务官金纬强调说，尚德的出货价格和出货量仍然是全行业最高的。"如何扭转整个行业目前的低利润甚至无利润的情况"也成为施正荣反复思量的另一个问题。这个问题同"过冬的问题"纠缠在一起。一个常识正是："如果整个行业上下游都不赚钱，那肯定不行。"

不能说他毫无准备。至少从渠道来看，尚德的成绩让人赞叹。他已经可以很自豪地宣称，尚德对欧洲市场的依赖已经被极大降低——欧洲市场的连锁反应正是美方展开"双反"调查以来整个行业最为担忧的事情。在2011财年的第三季度，欧洲市场的销售份额降低到了40%，施正荣从三年前开始进入布局的亚非中东市场份额上升并超过了30%，中国国内市场也提升到了12%。当然，也要考虑到，欧洲市场由于经济不景气导致的萎缩也是其份额降低的原因，但这也是希望所在。尚德的首席技术官 Stuart Wenham 认为，需求只是由于经济不景气和银行的谨慎放贷而被延缓和压抑了，随着宏观经济局面的改善，巨大的需求将会被释放出来。

改变其自身不合理的资产负债现状则是当务之急，这也是新上任的 CFO 金纬着手在做的工作。他希望通过和银行谈判来改变尚德目前短债与长债分布失当的问题。正如外界所预料的那样，无锡市政府对尚德支持有加，"帮助它营造经营环境，帮它一起做金融机构的工作"，无锡市副市长这样说。施正荣则称，政府的支持主要是在政策和信心上，至于金融资源的倾斜，"政府又不是开银行的，怎么倾斜啊？企业还是要靠自己！"

看到施正荣有时表现出的烦躁，他的家人们的反应是既同情又无可奈何，尤其是他的妻子张唯，因为她知道施正荣不会因听到劝说而减少对尚德这个"baby"的投入。"英语里有 you work like a dog 的说法。狗给人的感觉，就是呼吸很急促，很迫切很累的样子，他就是这样。"张唯说。在别人问到自己能做什么时，她称自己是"do mother's job"。有意识地与尚德保持距离，让她成为了丈夫工作的旁观者，"看到他我就说，我挺可怜你的"。

而施正荣的小儿子则逗他："爸爸，有一天我把尚德买下来了，你会不会很生气啊？"

绿城：风暴中的宋卫平

李翔按

发生在这个男人身上的戏剧性的故事并未就此结束。

2014年5月15日下午，融创中国宣布收购绿城中国不超过30%的股份，另一位颇具传奇色彩的大亨孙宏斌入局绿城。孙宏斌此前就对宋卫平和绿城赞不绝口，并且在绿城遭遇寒冬时多次发言力挺。

两天之后，宋卫平发表公开信，称"天下本一家，有德者掌之"。他要把自己一手创立的公司交给"更有斗志、更有激情，也更有能力的人去做"。在杭州黄龙饭店绿城与融创联合举办的发布会上，宋卫平几乎包揽了全场的发言和提问。他闭着眼睛，双手紧握着麦克风，像一个开告别演唱会的歌手，接住记者抛来的一个又一个问题。孙宏斌则在一旁面含笑容，安静地坐着。

当人们以为这会是宋卫平最好的结局时——将绿城托付给一位尊敬他也赢得了他的信任的地产大亨，不到半年，事情突然生变。11月5日，宋卫平宣布自己会重返绿城。他给出的理由是，业主有关质量问题的大批投诉，以及合作者对融创团队销售策略的异议。于是，宋卫平决定毁约，以维护绿城的质量、口碑和文化。

取而代之的是，他引入了央企中交集团。这家央企巨无霸成为绿城的大股东，而宋卫平则回到绿城，重新操盘。

商业与理想主义的冲突，在宋卫平身上一再上演。

> 松下幸之助……为了作为商人赚钱，而不停地战斗。然而，在他看来，这种战斗并非他的本能……他是抱着崇高理想的一个人，对于任何困难险阻，都能泰然处之，并以极强的忍耐力，加以克服和解决。
>
> ——《松下幸之助自传》

所有的人都在等他。

此刻正是一年中最好的时光，4月江南的空气温暖而湿润。人们三三两两坐在杭州郊外一处度假酒店的露天咖啡厅内相互交谈着。咖啡厅的下方是游泳池和草坪，三只孔雀正在草坪上悠闲地散步。直到一只藏獒与一只萨摩犬的出现打破了这种宁静，连咖啡厅上的人群也纷纷站起来去看这两只大狗。

不远处是一片浓郁的绿植。参天的古树之后，隐藏着几幢别墅。从下午两点开始陆陆续续来到这个郊区度假酒店的人，大都是在等待其中一幢别墅的住户出现。

在外人看来，此人是一名性情古怪的大亨，这个时代一个真正的理想主义者，一个有着文人脾性的商人；是一名勇敢打黑的正义之士，但也有人称他是一个同官员关系可疑的地产商；是一个极具个人魅力的小王国中的独裁者，缺乏耐心、脾气暴躁，但又深得其员工的爱戴；是一个从2011年到现在一直被流言蜚语困扰着的人。

他们知道自己不必过早抵达，因为他们要等的人往往是在中午之后才起床梳洗，准备开始工作。甚至等到这位大亨吃完午饭，笑呵呵地从别墅走到咖啡厅来，也只是意味着他们还要静静等待着他按照自己见客的先后顺序看何时能轮到自己。他们早已训练出自己的耐心，有人说他最长的等待记录是9个小时。当等待的时间过长时，他们有时会担心，可能有人抢先一步，等在他从别墅步行到咖啡厅的路上拦住这位大亨，同他交谈，向他表达自己的见解，"你不要以为没有人敢这么做"。

54岁的宋卫平拥有他在此工作和居住的这间度假酒店与别墅，以及那两只大狗。他创办的公司绿城是中国大陆最大的房地产公司之一。2011年他和他的公司受困于中国政府对房地产进行的宏观调控，甚至数次被传出资金链断裂、破产和被收购的流言。他领导的这家公司目前正在缓慢而谨慎地从困局中穿行出来。

2012年4月17日，绿城将自己在拥有70%权益的上海长宁区天山路项目以21.38亿元的价格出售给SOHO中国，从中获得16.16亿元资金。这是绿城于2010年2月在上海拿下的一个项目。就在两个月之后，2010年4月14日，当时的中国总理温家宝在国务院常务会议上部署了被称为"新国四条"的地产政策，后来被戏称为中国大陆"史上最严厉"地产调控政策的宏观调控由此开始。

"我们那时候还是抱着侥幸心理。我们知道这是个雷区，但是想要快速穿越它。现在看来，终于还是绊在这个地雷阵里面了。一会儿爆炸一个，这里受点伤，那里受点伤。"姗姗来迟的地产大亨后来感慨地说，"但你还是要想办法穿越它。"

尽管绿城集团在杭州市中心拥有自己的办公楼，但是宋卫平却已经极少再到那里办公，他甚至将自己的外出都降低到了最低限度。他把自己的活动范围缩小在他所居住的别墅和这间酒店的咖啡厅之间，咖啡厅内一间可以容纳数十人的英式酒廊成为他的办公室和会议室。天气不错时，他也喜欢坐在户外。当他认为需要召开一个会议，或者向一位下属交代工作时，他会用自己老旧的摩托罗拉手机拨打他们的电话——他是个念旧的人，这款手机在市面上几乎已经消失，他却宁愿让人四处再去购买几个同样的手机，而不愿更换一个更加时髦和好用的电话。接到电话的下属们会开着车穿越杭州的景区，在半个多小时后来到酒店，等待会议开始。

杭州城内至今流传着他早年在拉斯维加斯豪赌的故事，但这已成为历史。因为宋卫平再也难以忍受在飞机上飞行这么长时间，他患上了某种程度的"幽闭恐惧症"，他已经不再坐飞机旅行。当他需要做一次长途旅行时，他会带着两名司机，开着他那辆看上去陈旧的全进口大众途锐出门。但是他保留着对"赌"的热爱与美国生活时间。每天下午到深夜才是他的工作时间，他的一些同事能在深夜两点半接到他布置工作的电话。

"我是天蝎座，像我这样子的，比较适合晚上活动。蝎子白天都不活动。"宋卫平说。他还是一个星座与血型的信奉者。天蝎座，A型血，绿城的员工都知道。

至于"赌"，在他的朋友看来，宋卫平只是喜欢一切带有竞争性的东西。"所有的比赛他都喜欢，只要是比的。他喜欢竞争，他几乎喜欢所有的运动。"《杭州日报》文体部的负责人杜平说。杜平从1996年开始结识宋卫平，当时宋卫平刚刚创立绿城一年。他们同样属狗，宋卫平刚好比杜平大一轮。

他有多热爱竞技运动？

他拥有一支中超球队。2001年的足球打黑运动曾经让宋卫平成为体育新闻中的热点人物。

他下象棋，也下围棋。尽管他称自己只是业余选手，但杜平说："我是个花很多时间在围棋上的人，他不太有时间下，但我不一定下得过他。"

他打桥牌，这点他倒是毫不谦虚地说自己是专业水准。杜平说"他的水准是可以进国家队的"。"因为我懂牌理，桥牌的很多境界和基本范畴，我已经弄得非常清楚。"宋卫平说。据说，1978年之后中国大陆出版的第一本讲桥牌规则的书，编写者正是宋卫平。

也不知道为什么他对游泳拥有一种特殊的情感，他认为会游泳的人拥有一种不同的世界观。他在自己建造的每一个小区内都修建了游泳池。绿城有一项"海豚计划"。他希望3～12岁的孩子必须学会游泳，他要求自己的物业统计小区内共有多少3～12岁的小孩，然后上门做工作，"只要没有先天性疾病，全出来游泳"，这些孩子们可以享受20天免费的专业教练游泳训练。拥有超过两万名员工的绿城物业是中国最大的物业管理公司之一，"大概排名第二"，宋卫平说。他还对自己的下属袁鸢说，如果她不在一个特定的时间内学会游泳，那么，她将得不到升职和加薪的机会。会游泳才能升职加薪，这条规定适用于所有绿城员工。

一

约定的时间过去了将近一个半小时，这位地产大亨才从他休息的别墅中向外走。他的生活秘书将这一消息用短信通知了等待着他的工作助理。当他走上露天咖啡厅的阳台时，引发了一阵小小的喧哗。等待的人群纷纷站起来跟他打招呼，他也停下跟人们简短地寒暄。

从外表上看，他是一个温和的中年人。身材中等，体型略胖，一脸的笑容，并没有流露被舆论渲染出的那种咄咄逼人。他顶着一头花白凌乱的短发，衣着普普通通，像一个你在小区内随随便便会碰到的正在散步的中年人。他称自己每次理发只需要花十分钟时间，省去洗头的环节，简单地让理发师剃短，然后付钱离开。他的衣服大都由他的家人，比如他的姐姐代买，"买什么穿什么"，"商场在哪儿都不知道"。不过让人称奇的是，这样一个人在同人讨论起菜价和CPI时却头头是道。

坐下来谈话时，他的辅助爱好是十块钱的万宝路香烟和加冰的可乐。和大多数男性喝可乐时的习惯不同，他不排斥用吸管。他会端起玻璃杯，很投入地用吸管啜饮杯中的可乐。午餐则可能是花生米、螺蛳和红烧肉，黄瓜算是餐后水果。这些都是他最喜欢的食物。

接受访问对他而言是个严肃但又随意的事情。在接受访问之前，他会向他的下属认真地打听来访者的详细信息：年龄、毕业的学校以及所学的专业，他更喜欢学习历史或哲学的人。一位曾访问过他的记者说，他会问对方：你看过某本书吗？如果回答没有，他就会教训对方说：这本书你都没读过，你还靠写字为生呀！在我访问时，他还和我争论起《约翰·克利斯朵夫》究竟是以贝多芬为原型，还是罗曼·罗兰更多以自己的经历写就。

他没有表现出任何兴趣以某种形式接近政治，比如担任政协委员，就像很多商业大亨做的那样。但是从他接受采访的频率以及媒体而言，他似乎又想要传递自己的声音，希望能够被决策者们听到。他在2012年的全国两会之前接受了两家媒体的联合访问，其中一家之所以被选，是因为它声称自己的杂志将被摆放进两会会场。他也接受了新华社的访问，在其中大谈他对宏观调控以及如何解决城市住房问题的看法，并且呼吁政府和舆论能够公正地看待房地产商人。

在 2011 年绿城的困境被媒体大肆报道之前，这家有数万名员工的公司甚至没有一个公关部门。所有面对媒体的工作都由宋卫平个人来完成。毕竟，在由他和李书福掀起的足球打黑时期，他成功地应对了大批来访的记者，"那时应该凡是大一点的媒体都来过杭州，云集热闹的程度不比后面的沈阳专案低"。

但是蜂拥而至的各种负面新闻还是让他有些招架不住。他作出了让步，组建了一个 3 人的公关团队。

"你们的解读变成了社会舆论的基本内容，很多时候变成了决策的依据，对上面来说，成了民情和舆情。"他抱怨说。和媒体沟通的另一个目的，正是担心"你们一知半解，把我们描黑了"。

在长时间的谈话过程中，他习惯于闭着眼睛。他的眼睛本来就不大，当他笑起来时，眼睛就会变成一条窄缝。这个不知何时养成的新习惯更是给摄影师造成了困扰，因为很难抓拍到他睁着眼睛的肖像照。而他的下属也要跟每一位客人解释："他不是不尊重你，他只是在思考。"他还经常把访问变成他的独白。在他超过一个小时的演讲结束之后，记者才有机会插嘴发问。他会开玩笑说自己不要变成祥林嫂，总是在谈论宏观调控、城市化与土地政策。可是毫无疑问这是他最热衷的话题，几乎贯穿于每一次采访。

他解释自己晚到的一个原因是因为昨晚的饭局，席间的饮酒让他整个中午"昏昏沉沉"的。饭局的另一位主角是一名他不愿意说出名字的银行家，这个 1965 年出生的银行家在 2011 年年底购买了绿城 6 亿元的房产。"他在中国现有的环境里，从典当铺做起，能够做成纯粹的民营银行，在我见过的浙商里，他是第一人。在我见过的全国银行家里，我认为他也是第一。因为他没有家庭背景，没有任何人脉关系。"宋卫平说。

一方面因为对这名银行家的钦佩，另一方面是"尽管他压了我们很多价钱，但他毕竟最后是买了您的房子。而且那时候从我们的角度讲，它不仅仅是一单买卖，我们可以把它理解成雪中送炭"。第三个原因是宋卫平希望此后能够和这名银行家的银行发生金融上的业务往来。因此，他主动向对方敬酒，"喝了十几杯，三小杯就是一两。十五杯就是半斤白酒了"。而他的酒量，"状态不怎么样的时候，半斤也就差不多了。刚好达到量"。

从 2011 年下半年开始，他就成了绿城一名卖力的推销员。他会开玩笑让每个来见他的人为他介绍客户，他给包括自己在内的办公室三人组定下的销售任务是 4.5 亿。他用"你若来了，便是春天"的招聘海报来向全社会招聘销售人才。在绿城的经纪人体制下，这些销售人员将获得高额的提成作为回报——成交佣金为 0.8%～1.5%，据称是行业水平的两倍甚至三倍。不仅仅是公司的签约经纪人可以获得这种待遇，即使是一名与绿城全无关系的人，也可以凭借介绍客户来获得提成收入。

宋卫平甚至在一次会议上发完脾气之后，取消了全公司原定的十多天春节长假，改为法定的 7 天，来整顿销售。他的同事说，他喜欢开"务虚会"。而且，他开会的习惯是，自己一边讲，一边点出某位同事的名字，"这时候如果你不在，那你就惨了"。改变春节假期的决定，正是在宋卫平点出很多项目执总的名字，却发现多人缺席之后，勃然大怒而做出的。

被媒体广泛报道的绿城"自救"包括组建经纪公司加大现有房产销售力度、出售项目给其他房地产公司——如之前提到的将上海天山路项目出售给潘石屹的 SOHO 中国，以及同包括中投等财大气粗的公司进行合作，获取融资，媒体称之为寻找"金主"。

二

或许可以用一句已成陈词滥调的话来描述危机的引爆：风起于青萍之末。

2011 年 11 月 1 日晚上，宋卫平并没有出去应酬，而是在家中用了晚餐。姐姐为他烧了一条鱼，"宋卫平吃得很开心"，一家本地媒体（《杭州日报》）的报道称。

宋卫平没有孩子，他和家人的关系即使是朋友谈到也讳莫如深。他的一名同事说，自己很好奇宋对家庭的态度。因为宋在接受访问时声称，如果自己能够有一点成就感的话，那就是能够为数十万人带来良好的居住体验。他为他们造家，但在公开媒体上宋卫平却是个孤独而落寞的人。不过宋却同自己的母亲与姐姐关系亲密，他一直同自己的母亲住在一起，"他非常爱自己的母亲，到哪儿都会把妈妈带着"。家里最有威望的则是姐姐，"所有的人，跟他有什么事情说不清、说不好的时候，他姐姐去说的话就有可能成功"。

但是这种美好时光却被一则微博打碎，11月1日流传在微博上的一则破产传言将绿城困局在舆论上推到了高峰。宋卫平声称自己是在深夜接到记者的电话才知道此事，他不上网，更别提看微博。后来他的同事为了让他能够知道每日发生的新闻，会将相关信息收集成一份报告交给他。他的同事们必须将报告打印出来，送到他居住和工作的酒店，他们后来为了免去这种麻烦，一度尝试教会他使用iPad，但始终没敢向他提出。

宋卫平的回应是一篇发表在绿城官方网站上的千字文。尽管他的一贯风格是对这种事情置之不理，但这一次他听从了包括杜平在内的人的建议，"对破产传闻应该回应，但一定不要反应过于激烈，那样反而给人欲盖弥彰的感觉，要比较理性平和"。

这件事情少为人知的后续是，他的下属找到了这名发微博的人，绿城下属育华学校的一名年轻老师。绿城的教育在杭州同样知名，它涵盖了从幼儿园到高中的各级教育，育华的初中部据称可以排进杭州中学的前三。宋卫平曾经对人说自己有两个半产业，分别是：地产、教育和足球。"老板认为教育才是让他是有归属感的产业。"绿城的一名工作人员说。宋卫平还说过，自己最终的职业可能是一名老师，或者僧侣。

绿城的一名执行总裁对宋卫平说："宋总，我们找到了发微博的人……我们已经准备对他采取法律手段。"

宋卫平正在喝茶。听完之后，他把桌子啪地一拍："你想对他采取什么样的法律手段？"

他教训自己这名高管说，"我更愿意将之理解成是我的员工对自己公司的关心。而且，他这样一个孩子，现在已经在无边的恐惧中了，你再去这样惩罚他，是人都干不出来"。

没有孩子的宋卫平说，如果是我的儿子的话，他在外面发生这样的事情，面对这样大的压力，别人以这样的方式来对待我的儿子，我会很心痛。

他发了一个短信安慰这名年轻的老师，表达了自己的理解，同时说"只要有我在，有你这样的员工在，公司一定会一天一天好起来。不管公司面临怎样的困难，我们都会不离不弃"。

稍稍了解宋卫平和绿城的人会知道，他对自己的员工极为苛刻，会怒声呵斥、拍桌子，甚至将手上杯子中的水直接泼过去。后来他的高管们甚至开玩笑总结说，汇报工作时最好派一名女性高管去，因为宋卫平一看到自己将对方骂哭，作为训斥者的自己反而不知所措，于是开始转而安慰对方。

但是他的员工忠诚度极高，因为宋卫平对自己的员工又"极好"。猪肉价格上涨时，他为每名员工的家庭发放600块钱的食品补贴；为了应付高涨的房价，他也给每个员工发放1200块钱的住房补贴，以便让他们能够在公司附近租得起房子。

宋卫平自己的解释是，一个合格的工作者，有时也有"业余的地方"，"有的时候甚至让人无法容忍"。但是同时"他们有一些可爱的地方，理应得到尊重，理应是团队的有机组成部分"。

他用千字文安慰了媒体，用短信安慰了自己的员工，但这并不是说他始终就胸有成竹。在2011年年末最艰难的时光里，有一次，他通知绿城的几名同事到西湖边南山路上的钱王美庐餐厅"吃饭并汇报工作"。宋卫平同样拥有这家湖边高档餐厅。这些人去的时候发现旁边已经有几桌人在等宋卫平，轮着跟他谈事情，这是他的一贯作风。结果，等到宋卫平终于过来的时候，"他已经有点喝多了"。

"他很委屈。他反复念叨了好几遍：我只是想让这个世界更美好。"

接下来更为夸张的事情是，他们"竟然看到他哭了……"而宋卫平此前一直给人留下的印象是气场强大的强人。他自己也喜欢用"能者"和"贤者"自居，信心十足，自傲且自负。在他的名片上，他连自己在公司中的职务和抬头都不印，只是光秃秃的"宋卫平"三字。

他还跟几个关系很好的高管说了一些肝胆相照的话，说哪怕将来公司真的不在了，大家也还是可以一起在西湖边喝茶。

宋卫平后来对媒体说过，绿城曾经数次逼近最危险的时刻，比如，"银行明天要 5 个亿，但钱今天才能到账，这种情况出现过几次，有点煎熬"。比尔·盖茨曾经如此描述自己的危机感：微软距离倒闭只有 24 小时。对于绿城而言，这也一度成为现实。

已从绿城手中收购了两个项目股权的潘石屹回忆说："绿城那时候的生命，都是按天来数的。就这几天，如果钱不到位的话，就要出大问题。"SOHO 中国在从证大和绿城手中收购第一个项目时，绿城有一笔 4.7 亿的账在 2011 年最后一天必须支付，而那边复星集团和 SOHO 中国却在一边打口水仗一边犹豫。绿城副董事长寿柏年因为牙疼而托着腮帮对潘石屹说："你再不签，我就要没命了。"

这种落寞场景在 2008 年宏观调控时也曾经出现过。杜平印象深刻的是在黄龙体育场绿城主场迎战国安的比赛。球队老板宋卫平一个人坐在体育场的看台上，周围没有人，因为大家都怕他会发脾气。绿城输掉了这场比赛，现场哀鸿遍野。这时，杜平从远处看到宋卫平一个人孤零零坐在那里，一动不动，花白的头发一片凌乱，"感觉格外孤独和凄凉"。

不过，故事在那一次拥有的是一个好的转折。尽管绿城在 2009 年 5 月 4 日也曾一度面对一笔 4 亿美元的高息债务待偿危局，但绿城最终靠信托化解了险境。而且随后出台的经济刺激政策还让绿城成为房地产市场的大赢家，以 510 亿的销售额成为中国当年销售第二大房企，仅次于万科。

三

这种让看客与观者都感到牵肠挂肚的戏剧化场景，或许正是由埋在他性格与经历之中的某些因素导致的。了解过他的故事的人都会感慨，这个人根本就不应该是个商人——尽管他已经变成了一名成功的商人。

他所接受的教育是成为一名胸怀天下的知识分子，而不是"重利轻别离"的商人。

宋卫平出生在浙江的嵊州，自幼家贫，但酷爱读书。后来他以个人出资成立的香港丹桂基金会在嵊州捐资 1 亿港币建立了一所越剧学校，环境和他最为自豪的房地产项目桃花源相若——包括阿里巴巴集团创始人马云在内的很多浙江名流都是桃花源的业主。

恢复高考之后，他进入杭州大学历史系读书。这所学校后来被并入浙江大学，宋卫平有时会开玩笑说他有"亡校之恨"。他的同班同学寿柏年后来成为他创办和经营绿城时的得力拍档。"他就是老宋的周恩来"，有人评价说。后来将公司出售给万科的另一家房地产公司南都集团的创始人周庆治也是宋卫平和寿柏年的同学。

宋卫平在创办了绿城之后，总喜欢说由于公司的创始人都是学习历史出身，为公司带来了很大的优势，因为这必然给公司的地产项目注入了深厚的人文色彩。在面对听众时，他喜欢讲城市的历史，建筑与人、自然、社会的关系。他立志要在城市中留下美好的建筑。他看问题时也总喜欢站在数十年后来考虑。比如，绿城的很多楼盘外墙都是明黄色色调，这是因为明黄色在二十年后仍然不会发生太大变化，尽管作为新楼显得有些老气。这种色调正是宋卫平决定的。

我问他这个教育背景除了优势之外是否会给公司带来劣势时，宋卫平先是一口回答"没什么坏处"，随后又说："就是有的时候显示出不太会赚钱，或者赚钱赚得不够漂亮。"他也承认，他喜欢讨论的"文化的、社会的、价值体系的话题，不像是公司范畴，更像是学校和研究机构讨论的问题"。

对于这些超越商业利益的价值的考量，让绿城的利润率一直不高。此次危机中，媒体也总喜欢攻击绿城为"高负债、低利润率"。宋卫平追求的是将东西做好。他经常说的一句话是，"这个花不了几个钱的"。

"他是一个很好的资源整合者，他不在乎利益。你别看他有那么多项目，其实很多项目中他并不是最大的受益者。"杜平说。

绿城在2009年脱险甚至变大之后继续奉行的激进拿地政策，在2011年下半年公司进入困局后一直被媒体指责。究其原因，其中不乏宋卫平个人性格和追求的关系。"他那个时候老讲，很多时候他去拍地王，算算是没有钱可以赚的，但为什么要去拍呢？他是怕人家拿走之后，把地做坏了。但是他拿下来之后，却又一时不知道怎么弄。"杜平称。

而且，由于宋卫平对绿城的控制力极强，他在某种程度上成为这家公司的"主机"。他没有精力与时间去考虑的事情，自然也就积压下来。杜平称，他甚至能在宋的桌子上看到一年前的文件都还没批。

　　他自视为文人，对知识分子也有一种天然的亲近。他的朋友也都称他有士大夫之风，有"文人性格"。毕业30年后，2012年1月，宋卫平提议将同学会开到学校里。当他爬了四层楼，来到历史系的新办公室，看到自己曾经的老师们，一群平均年龄82岁的教授们时，他说："看到他们坐在那里我就知道，原来城市的宝贝是这些人。一个城市要有价值，这种老头和将要变成老头的文化人越多越好……他们在建构我们社会的价值系统，防范人类有更多的战争和罪恶，价值大了去了。"

　　24岁时，他从大学毕业，但他却并没有停止大量的阅读，他做了上万张读书卡片，"从那些读书卡片中我吸取到的东西，构成我现在做人做事的态度、立场和方法论"。

　　毕业之后的五年时间里，他是舟山党校的一名老师，一直到1987年他主动离开，南下珠海，到一家电脑公司工作，"那时候其实已经不大可能有回头路了"。

　　这一年他30岁。30岁以后，他注定只能做一名企业人了，他说。

　　随后他经历了他所称的"人生中最艰难的时光"。其艰难甚至要远远超过他在2008年和2011年所经受的宏观调控的煎熬。"是那一段故事造就了绿城，那一段时间里见过的人和事，为绿城打下了非常好的基础。我从一个员工做起，做到这个企业的负责人，应对过很多危局。如果没有那一段艰苦发展，就不会有后面这一段的绿城，说不定在哪一段就死掉了。"这些故事和另外很多事情一样，他建议留待下次再讲。

　　当他在1994年回到杭州时，他自称"学无专长"，为了"谋生"，和他的大学同学寿柏年创建了这家名叫绿城的公司。

　　但他并无意久战。他太痛苦，在这个社会中"教书也教不成，发言也发不成，做事还要看别人脸色，要跟很多政府机关打交道，要求人，求人又是件蛮痛苦的事情"。

　　"开始做绿城的时候，其实心里很清楚，就是要解决谋生问题。也就做个三五年，我估计那时候能赚到几百万上千万的钱，赚完以后，就干脆找地方养老。"

在公司做到第三年时，绿城已经成为杭州城内销售额最高的地产公司，但团队还小，只有几十名员工。宋卫平面对的抉择是，还要不要继续走下去，"不做下去有点可惜，做下去又很辛苦、很吃力，还要去求人"。

他发现自己很难一走了之。对于这个文人气质浓厚的创始团队而言，创业时期的基本承诺是，5年内让每个人拿到一套房子，然后分到几十万块钱，"但是现在，他们仍然无法养家糊口"。

与此同时，宋卫平开始有种强烈的感觉，那就是，"在这个行业里，做小公司是没有意义的，甚至无法生存。必须要做强做大，发展到一定规模"。而一向自负的宋卫平又认为，"我们把这个公司做起来，我的感觉不会有问题，努力做好才是比较难的事儿"。

他称自己"默默咬紧牙关"，"去尊重那些你本来就应该尊重的人，还要尊重那些你本来或许不愿意去尊重的人。努力去沟通，去表达"，"你努力做强大了，别人因为你的业绩和成就，多少也会对你有一些尊重。政府机关在同你打交道时，多少会客气一些，平等一些，讲一些道理"，"如果你是个小公司，人家要跟你讲缘分，或者其他一些东西"。

也就在这时，他重新阅读了松下幸之助："当我在三十二岁看到《松下幸之助全集》时，我想它无非是管理者的一般论述。等到我自己做企业，碰到一些非常现实的问题，我自己去面对它时，再去看松下的书，读他的故事和体会，就会变得非常亲切。"

他甚至说："松下的全集，五卷本你只需要读通一卷，就可以做出一个七八成优秀的公司。"

松下幸之助对于宋卫平的意义在于，他帮助宋卫平找到了商业的意义，让他不再为自己所做的事情感到痛苦，不再随时萌生抽身而去的念头。

宋卫平后来说，如果你是一个天生的伟大商人，那么如果你能早一点读到松下幸之助的著作，将会有助于你更好地理解和达到这一境界。他在自己的公司内部开始反复讲："伟大的商人应该能够领悟到为何赚钱，赚钱干什么，会对别人和社会产生怎样的影响。"

松下幸之助对这个问题的回答是："促进社会繁荣，才是企业赚钱的真义"；"赚钱是整个社会不可缺乏的义务和责任"。"获得利润的企业往往也能同时使社会获得利益……经营没有获得利润，可以说是因为它对社会贡献太少，或者完全没有完成它所担负的使命。"而企业的使命和社会责任就是"创造更好的东西，以更便宜的价格供应给大家"。

宋卫平将松下幸之助的著作视为公司的圣经。绿城将松下的著作编辑成内部出版资料，让每位员工阅读。我们所引用的这几句话，也出自宋卫平赠送的松下幸之助作品。

"你每翻一遍会有多一些的感悟。"宋卫平说。

他一定看到了，松下也曾经面对每天为支票到期要马上支付的窘迫境况，而宋卫平在不景气中采用的方式和松下电器采用的方式竟然也有些相像。在1929年和1930年的经济大衰退中，松下幸之助的应对方法是："生产额立刻减半，但员工一个也不许解雇。工厂勤务时间减为半天，但员工的薪资照全额给付，不减薪。不过，员工们得全力销售库存品。"面对困境，宋卫平也是绝不亏待员工，而是更多强调加强销售能力。

四

宋卫平同松下幸之助的不同在于，松下希望将自己的产品越做越便宜，甚至能够像自来水一般充裕，从而造福大众，而宋卫平盖的房子却是越来越贵了。

"他太想把事情做好，做得越好，也就变得越来越高端了。"杜平说。在绿城组织的对业主的访问中，有一些绿城的老业主会抱怨说，当时买下的精装修房子内，由于绿城配套的厨房器具全都是直接进口，出了故障之后，维修起来颇为麻烦。尤其是时间一久，原先备好了配件的物业也已经不再有储备。不过这些业主在抱怨之后，还会说上几句表示理解的话，然后再加一句："你们也不容易。宋卫平怎么着也算个理想主义者。"

"我非常愿意造出很多好房子，有合理的利润就可以，然后让很多人都买得起。你只要给我便宜的地，我一定造便宜的房，还尽可能把质量和无形价值弄得好一些。"宋卫平辩解道。

宋卫平最得意的项目之一是杭州桃花源。据称在开发这个项目时，宋卫平就是按照陶渊明的《桃花源记》来寻找设计灵感的。桃花源整个小区都颇有大隐隐于市之感。驱车从旁边路过，如果不是刻意寻找，可能根本不会注意到这个小区的入口。它不像大多数小区通过高悬的霓虹灯标识来标明自己的存在，只是低调地在一面山石上刻上了"桃花源"三字。春夏之时，石上的字还会被绿植遮挡得隐隐约约，以至于业主在向访客描述路径时，需要特别提醒客人不要错过出口。

曾经访问过桃花源并留宿其中的法国建筑师保罗·安德鲁（北京首都机场与戴高乐机场的建筑师）也对这个地产项目赞不绝口。它更像是将住宅修建在了森林中，而不是在住宅区内刻意去做绿化。但是桃花源的昂贵也是公认的，其中一套中式四合院住宅的价格超过了1亿元人民币，单是由一个知名台湾设计师所做的室内设计与装修费用就高达4000万人民币。这套房子倒是帮他们卖出了几套毛坯房。

2003年宋卫平接受访问时，他认为房价不会过快上涨。现在连他自己也要面对由房价上涨带来的问题了。"在我们公司还小、只有一两百人的时候，我能做到公司员工工作5年，人均一套住房。但人越来越多，房子越来越贵，公司再分配就有问题了。我们自己都碰到这样的问题——公司没有能力解决员工的住房问题。我们还算效益中等的房产公司，但连我们都解决不了我们自己员工的住房问题。所以从这个角度讲，我认为中国住房结构体系要做重新的探讨和重新的架构。"宋卫平说。

如果不算拥有分红和股权收益的高管，绿城员工的平均年收入为十万块钱左右。按照宋卫平自己的计算，一个部门经理以下的员工，工作15年，买一套90平方米的房子，"很痛苦"。"房产开发公司的员工都买不起房子，一定有问题。"而宋的建议是"设置一档专供这个阶层的人购买的房子"。

让宋卫平不平的是，他认为中国住房问题，本来不是房地产商人要考虑的问题，但现在"好像城市住房问题原因出在我们身上"。

"其实我认为这是政府制度设计的问题。它可以设置为三部分：保障房系统、所谓的双限房系统（限地价、限房价）和商品房系统。把以往单一的垄断的土地市场中的价高者得，变成这样一个结构安排，通过这个制度结构形成一个阶梯。只要其他一些社会公共资源是公平的，比如教育，就会促成低阶层人群向高阶层里非常有序地流动。有能力有天分的人，如果做事情非常努力，经过一二十年，他有可能从安置房搬迁到双限房。双限房里的人，通过经商或其他方式，也有可能买得起商品房。"宋卫平说。

他以自己为例来说明这种流动。宋卫平刚大学毕业时，十几平方米的房子住了5年，然后才由单位分配一套52平方米的房子。当他离开党校为企业打工时，重新回到只住一间房子的岁月，直到成为公司高管，公司买了一批房，分给了他一套两室一厅的房子。回杭州做绿城，他也是一直租住一套60平方米的房子。一直持续到38岁那年，他才在自己开发的社区内拥有了一套超过两百平方米的房子。

商品房的销售则可以起到转移财富的作用。"住商品房的人，他的收入是非常高的。我们房产商运营过程里面增值的这一块，政府拿走了一半多一点；土地收益，要看政府地价卖得高不高，有的时候是两三倍的收益。所以，为什么不认为商品房是财富转移的一种非常好的方式？这样还不用再去加税。"宋卫平说。

"有高山有大海，世界本来就是不平的。如果要平，就是在沙漠化的过程，变成死寂的时候，物理学里叫死寂状态。如果不能让高等能量继续高，这是一个不好的社会。高等能量带动整体一起往上走就是一个好社会。

"人类历史的一个基本结构，就是一部分人先富起来，带动很多人往上走。改革开放以后，邓小平理论里非常重要的一个元素，就是让一部分人先富起来。如果没有这一部分人，我们现在可能也就跟朝鲜差不多了。所以，为了保持带动作用，希望政府永远不要去碰这一块，让它照在阳光下，不要去碰它，要去呵护它。因为他们有拉动作用。"宋卫平说。

这种言论很容易被单纯理解为对富人的片面辩护，从而招致一片骂声。而在宋卫平看来，这却是通过对历史与哲学的思考，得出的真知灼见。当然，如果他读过哈耶克，会知道这位奥地利经济学家也进行过同样的思考，只是表达略有不同。

不过，他并不是个彻底的只为富人建房子的人。能够体现出宋卫平理想主义一面的事情也包括，绿城是中国最大的保障房代建公司之一。绿城目前所建的商品房面积为1200万平方米，签约的保障房面积则有1000万平方米多一些。

"我们收建安费用的 3%。比如 2000 块钱的造价，我们收 60 块的管理费。10 万平方米可以收支平衡，20 万平方米可以有微利。"尽管有地方政府表示愿意多给一部分费用，比如 5%，但宋卫平拒绝了。他认为这会导致一些后续的麻烦，于是索性在公司内将其视作公益项目，在各项指标上同商品房分开。他能从中得到的好处是：一些工作人员得到"现房管控"的锻炼，不会占用公司的资金，或许还会积累下良好的政府口碑。

他在公司内部动员工作人员参与这项"事业"时说："爷爷一辈以上是农民的人举手。"举手的人超过了三分之二，因此他将之称为"爷爷工程"。"为农民和低收入阶层做房子，是在为最大量的人造好房子，这是行业的荣誉。"他说："我宁愿商品房出问题，也不愿保障房出问题。因为保障性住房住的都是低收入阶层。万一你造得不好，给人家留下话柄，说你赚钱的房子做得很好，不赚钱的房子做得很烂，丢不起这个脸。"他甚至在公司内部说，如果让他在只做商品房和只做保障房之间做选择，他宁愿只做保障房。

"现在愿意做保障房的房企数量不是太多。但你要稍微引导一下，不要把房产商当作城市或社会的敌人。你说你们也是好人，好人当然要做点好事，那这个数量就会大大增加。"宋卫平说。

他再一次引用了松下幸之助的观点："一个企业的天职是替社会和用户生产出更多更好的产品。赚钱是达到这个任务的必要条件之一。如果再工作五年、十年，我是有这个觉悟的，我认为我可以去做不赚钱的事情……愿意世界变得更美好一点。"

奇虎360：反抗者周鸿祎

李翔按

后来，周鸿祎不止在一个场合反思他曾推崇备至的"硬件免费"思维。

他的新观点是，免费战略的确适用于一些互联网产品，比如像360的杀毒软件或者腾讯的微信。因为对于互联网产品而言，最主要的成本是前期的开发成本，服务5万用户和服务500万乃至5000万用户，成本变化不大。但是对于手机等硬件产品，以及需要同线下产业结合的O2O行业，随着用户的增加，成本也在增加。新增用户的边际成本，并不像类似于杀毒软件、QQ和微信一样，不断降低，乃至趋近于零，而是仍然居高不下。

周鸿祎的互联网硬件之路并不顺畅。他和酷派的合作，因为乐视的介入节外生枝，周鸿祎、酷派和乐视在媒体上大打口水仗。最终，后来者乐视成了酷派的第一大股东。周鸿祎则控股了奇酷手机，把两个品牌奇酷和大神都归拢到360手机旗下。

但是，360手机始终也没能在智能手机市场上掀起多大的波澜。出人意料的是，两家从线下起家的公司OPPO和vivo在2016年成为了智能手机市场最大的赢家。反倒是周鸿祎担任董事长的另一家公司花椒直播，赶上了2016年直播的爆发，冲进了直播领域的第一阵营。

踏空了手机和智能硬件，完成了从美国的退市，周鸿祎应该仍然在焦虑。不过，这也是创业者的宿命，哪怕他已经跻身"大佬"行列。

> 很多人这样问："我想开一家公司，我该做什么？"而我提出的第一个问题是："你所热爱的是什么？你开的公司想要做什么？"他们大都笑道："不知道。"我给他们的建议是，去找份工作让自己忙碌起来，直到你找到答案为止。你必须对自己的想法充满热情，强烈感受到愿意为它冒险的心情。
>
> ——乔布斯（美国苹果公司联合创办人）

中国互联网世界最知名的"反抗者"，如今自己也变成了一名"成功者"。在同周鸿祎的长谈中，这位已经成为大亨的中国互联网界最知名的斗士，向我们展示了他的困惑，他对互联网的看法，以及他对很多问题的重新思考。当然，也谈及他为何重新返回手机行业。

一

大多数公司的办公室都值得一逛。按照某种不知道是否科学的理论，我们可以从其办公室的布置，来揣测每一个在其个人小王国内呼风唤雨的商业大亨们的个性。

京东的办公室分布在北京亚运村一座办公楼内的数层楼中，每一层的入口处都站着一位穿着黑西服的人高马大的保安人员——一个资产沉重得不像互联网公司的互联网公司。小米在清河的办公室有个干净明亮的前台，一侧墙上的大屏幕里循环播放着小米的广告。而小米网办公室的旁边就是个小米专卖店，再加上无处不在的米兔形象——这是一家擅长推销自己的新锐消费电子公司。搜狐搬到融科中心之后，在办公楼的下沉空间设置了大量的公共区域，包括咖啡馆和餐厅——就像创始人张朝阳一样时尚休闲。阿里巴巴的西溪园区由日本建筑师隈研吾担任主设计——马云不止一次地讲过自己对日本文化的喜爱。巨人网络的办公区由普利茨克建筑奖得主汤姆·梅恩主持设计——的确漂亮，而且造价高昂，史玉柱自己说仅设计费就1100万美元……每个记者都可以将这个名单无限制地罗列下去，并且讲出一些让人印象深刻的细节或者轶事。

奇虎360的办公室远离北京的科技互联网中心中关村。这家全球第二大的互联网安全公司将自己的总部放在了遍布画廊和艺术家工作室的798艺术区旁。它的创办者周鸿祎在年少时曾经想过要成为一名画家，有时他也会问他的同事："你不觉得我像一个艺术家吗？"（不过他也会问："你不觉得我像一个90后吗？"）

从地理位置上来看，你可以说这也有些像360在中国互联网世界中的位置。人们数得出它的对手，却不知道它的朋友是谁。它似乎独立于盘根错节的中国互联网世界。19世纪的欧洲王室通过联姻的方式结成错综复杂的同盟，而在互联网世界里金钱就是巨头们的血液。他们通过投资来结成"姻亲"，编织自己的利益链条，或者说生态系统。周鸿祎不止一次地引用过毛泽东的这句话："谁是我们的朋友，谁是我们的敌人，这是革命的首要问题。"当这个问题被用来问他自己时，周鸿祎的回答是："我觉得除了百度和腾讯，以及他们的打手，都是我们的朋友……"

穿过悬挂着"为人民服务"标语的大堂（"为人民服务"这五个字可能是中国最早的拜用户教口号），搭乘电梯到15层，右转，走过一道门禁，就进入到周鸿祎的办公区。他办公室外的右手处，是一个舒适的阳光房。阳光房可以通向外面的露台，他的同事们有时会到露台上抽烟。经过助理们的工作区，就可以直接进入周鸿祎的办公室。一进门正对着的就是他的办公桌。

办公桌后面，两扇窗户之间的墙壁上，悬挂着切·格瓦拉那幅著名的画像。只要在办公室，周鸿祎每天都要在他的注视下工作。这位著名的理想主义革命者被周鸿祎视为"图腾"，而他本人在中国互联网世界中，也被视为一名"叛军领袖"。不过，在办公桌的另一侧放着的则是一尊观音像。宽大的办公桌上，除了一部联想一体机，还摆放着宣纸、墨汁和几支毛笔。周鸿祎爱听音乐，他那套豪华音响曾经是有关他的报道中的常客。桌子上放着一些 CD 唱片，不过，搭配同样让人匪夷所思：万能青年旅店和邓丽君。

进门左手贴着墙是一排书架。书架上摆满了图书、黑胶唱片、各种奖杯和纪念品——比如一个钢铁侠限量版面罩。这些书未必是主人自己摆放的，但一定是经过了他的选择。下面是一些例子：两本《硅谷热》——在谈到对自己影响巨大的书籍时，周鸿祎不止一次提到这本早年出版的讲述硅谷的书；特劳特的《定位》书系同样进入了他的推荐书单；全套的彼得·德鲁克、亚马逊的公司传记《一网打尽》、杰克·韦尔奇的自传和其他管理类书籍——一个好学的管理者的正常书目；有《战争论》和《武经七书》——考虑到办公室的主人也曾经被人称为"战争之王"，这也可以理解；有安·兰德的《阿特拉斯耸耸肩》《禅与摩托车维修艺术》——开始有一点点文艺；有麦克卢汉的两本书《议程设置》《理解媒介》——一个传播学专业学生的必读书，但我从未看完过；接下来再次进入正常的书目，是包括《金刚经》在内的谈论佛与禅的书籍。

读书和听音乐都包括在他的最大爱好中。他说，他衡量富裕的三个标准是：买书时可以不用看价钱，可以用上好的音响，以及吃点好的。但是，管理一家公司所带来的忙碌正在吞噬着他的这三个爱好。

办公室的另一侧是一组沙发，这是他的会客区。沙发旁还摆着支架式夹纸书写板，这表明他甚至还会在这里开小规模的会议。沙发前的茶几上堆满了打印出来的文件、一沓沓杂志、水杯、巧克力球、360 的产品如儿童安全手表和路由器——正谈着话，他会提出让你看看这款新的路由器，它拥有如苹果产品一般漂亮光洁的外形。"设计是谁做的？""哦，我们借鉴了苹果的产品"；他也会指出儿童安全手表的外包装设计有什么地方让他不满："我老骂他们这个儿童手表的外包装，做得花里胡哨是很好看，但是，你应该在外包装上做上手表的几个最重要功能吧？！"他称这样的细节会让自己"抓狂"。但这样说时他忘记了自己刚刚讲过的话："他们已经跟我说了好多次，让我不要在接受采访时公开批评同事和自己的产品。"

我们的谈话就在他的这块个人"领地"中进行。

当然，他可能更愿意将"安全"视为自己的领地。在2009年的10月，周鸿祎手持免费这把"利剑"冲入原本由几家杀毒厂商统治的互联网杀毒领域，最终成为市场份额最大的互联网安全服务提供商。"我就专心把安全做好，我觉得这已经挺好了。安全是一个人的基本需求。"周鸿祎说。

2007年1月9日，史蒂夫·乔布斯将"苹果电脑公司"中的"电脑"二字拿掉。看到当天发布的iPhone时，人们已经明白了苹果的雄心。而周鸿祎的雄心在于，他可以将"安全"的外延无限扩大，他创办的公司360可以从互联网安全扩展到移动互联网安全，当然也可以继续扩展到智能硬件安全、企业网络安全，甚至国家网络安全。"安全本身是一个足够大的概念。"他说。

二

第一次见面时，前一天周鸿祎刚从美国回来，正在艰难地倒时差。原定在下午3点的谈话被推迟了一个小时。在一次会议之后，他临时决定要休息一下，然后在办公室内迎接我，他客气地表示之前见过我，并仍留有印象。

摄像师们在他的办公室内晃来晃去，先是布置灯光、架起机器，为了其中一个机位还必须将沙发前的茶几移开。茶几和地板摩擦出刺啦啦的声音，他一边和我说话，一边皱起眉头表示不悦。接下来所有这些动作要再来一次——因为在他表示完抗议之后，他的同事开始明确地向摄影团队表示不要再继续拍摄。

我担心这会影响他的情绪，但是他却继续讲着自己的美国之行。作为中国互联网企业级的代表，他到华盛顿参加了中美互联网论坛，随后在硅谷同时任国家互联网信息办公室主任一起访问了包括脸书和苹果在内的互联网巨头。在这两个行程之间，是他自己的一次肆意行动。在中美互联网论坛上发表了"IoT（物联网）时代用户信息安全三原则"的演讲之后，晚上他和一起来参加这个论坛的互联网圈内人一起喝酒到将近凌晨两点。但是他仍然坚决地订了一张从华盛顿飞往旧金山的机票。

在睡了两个小时之后，他在凌晨4点起床，去赶早班飞机，飞行六个小时到达旧金山。"去见一个网友。"周鸿祎开玩笑说。

"我打枪是自学成才。没有人教我，我就不断地靠自己悟，靠子弹喂。但是靠子弹喂，它不能永远提升，还是要找人点拨。于是我在网上搜（他没有说自己用的是什么搜索引擎），后来找到一个军事网站叫铁血网。一个华人，在美国待了很多年，比我年纪大一些，经常在那里发表有关射击的文章。我在网上就这样跟他认识了。他在美国，有条件买很多枪，练了很多年的枪。"

"他一听我要过去挺高兴的。他租了一个靶场，我出了机场直奔过去。那天还下着雨。我们在雨里打了将近一千发子弹，等于练了一天枪。"周鸿祎说着伸出手来给我看，"指头都打出了一个茧子"。

他对枪和射击的热爱不是秘密。周鸿祎此前在四惠东的办公室里，墙壁上还挂着他在香港打靶的几张靶纸。在一次采访中，他解释说这并不是要表明自己尚武好斗，而是展示自己"心如止水"——射击时更需要冷静。就像他在解释打真人CS游戏时说："一兴奋，肾上腺分泌增多，手一哆嗦，肯定就偏了。"

周鸿祎的私人爱好也延伸到了产品上。之前，360做过的一款特供机，名叫AK47。2014年的平安夜，在宣布和酷派合作制造手机之后，周鸿祎发出一封公开信，这封信的名字就叫作《带上AK47，跟我到南方做手机》。有人给这封信配了张图，也是周鸿祎抱着一把冲锋枪的照片。在这封公开信里，他鼓励那些不甘现状的同事们跟着他一起去南方做手机，加入这项激动人心的新事业。

同样著名的是，在北京郊区怀柔的一块山地，他建了一个名叫"360特种兵训练基地"的真人CS游戏基地。他喜欢邀请团队和外面的朋友到这里来玩真人CS。创新工场的人说，周鸿祎曾再三邀请李开复带领创新工场的团队去怀柔玩真人CS。最后李开复觉得既然老周盛情邀请，始终不去也说不过去。于是文质彬彬的李开复和他刚刚开始创业的团队就接受了周鸿祎的邀请。结果自然不出意外，没有经验的创新工场团队被360的团队在真人CS中完全压制。

这一天是中秋节。在玩完一场真人CS，到附近的农家院吃饭时，周鸿祎接到公司同事的报告说，腾讯开始直接向用户电脑安装QQ电脑管家。他当场给马化腾打了一个电话，两个人在电话里吵了起来。马化腾表示并不知道这件事情，而周鸿祎则认为这种策略必然得到了马化腾的首肯。一个多月之后，奇虎360在马化腾生日当天，推出了威胁到腾讯QQ商业模式和庞大用户基数的"扣扣保镖"。这就是后来证明对中国互联网产生了深远影响的"3Q大战"。

这场"战争"的亲历者透露说，在马化腾生日当天推出这款产品，这是事实，但并非有意为之。换句话说，这不是一次有预谋的袭击。"推出之前的晚上还在讨论要不要推出，最后半夜决定第二天上线。上线之后第二天下午，才从微博上得知那天是马化腾的生日。"

周鸿祎是军事爱好者，中国商人中另一个知名的军事爱好者是史玉柱。不同的是，号称自己"胆小如鼠"的史玉柱推崇的是林彪，他曾经在一次采访中大谈林彪的战绩。相比之下，周鸿祎推崇的是粟裕。

周鸿祎说："中国几个将领里边，比较能打大仗的，其实就是一个林彪，一个粟裕。应该说这些将领都很了不起，很难说我在刻意学习谁。但如果谈到特点上，我觉得可能和粟裕有点像吧。因为林彪是不打无准备之仗的，林彪不太打险战，他很少险中求胜。他一般得要有十足的把握才会行动。然而粟裕，因为当初苏北解放军在新四军时期，在当地老是处在被围困的状态，所以经常就是险中求胜。所以粟裕打仗是有三四分的把握就会打，林彪没有六七分的把握是不打的。曾经有一个人说，林彪研究过粟裕的战例，研究完了之后就说：'他跟我不一样。'"虽然中国人老说，商场如战场，而"成功者"一般也都很自我，但周鸿祎倒是很清楚："我觉得我们这点东西跟他们比起来还是不一样，所以拿他们来作比喻，我觉得不是很恰当。"

"3Q大战"就是一场险战。在这场大战之前，除了与腾讯体量相当，并且在自己的领域亦拥有他人无法撼动的地位及优势的百度和阿里巴巴，没有人敢于想象，还有一家中国的互联网公司敢挡在腾讯前进的路上，而不担心被这个巨无霸碾碎——当时在科技媒体圈流传的一个段子是，每一个风险投资人在听完创业者雄心勃勃的阐述之后，都会问一个问题："如果腾讯开始做这个领域，你怎么办？"直到后来，在复盘这场"战争"时，还有人问马化腾，为什么当初不索性再咬一咬牙，将360彻底干掉。目击者回忆，马化腾只是摇了摇头说，事情不是你想的那样。

周鸿祎说："外界对我有误解，我自己解读是把我想得太精明了，把我想得太工于心计了。有很多人觉得我走到这一步，每一步都是经过精准的策划和精妙的计算，连'3Q大战'都是我策划的。我要解释一下，我管得了自己，哪管得了马化腾的行为和决策呢？"按照回忆，他当时只是想捅一下腾讯这个天花板，这个大胆的想法让第一次听到的同事心情沉重。

"外界也觉得我好像特别喜欢打仗，经常以打仗为目的，挑起各种纷争。我个人觉得这也是个误解。我不否认我喜欢挺身而出，也崇拜英雄，喜欢看各种战斗电影。但是，我并不是一个好战分子。"挑起了或者说参与了中国互联网界最知名的几场"战争"的周鸿祎说。

当时大家都认为在大战之后上市的奇虎360，因被资本市场认为是中国最大互联网公司之一腾讯的挑战者，而成为"3Q大战"的最大受益者。不过，今天回过头来看，腾讯才是这场战争的最大受益者。"3Q大战"打醒了腾讯。"我成了《反脆弱》里的一个例子，我去挑战了，给了他们一个刺激，这个刺激不足以消灭他们，反而是让他们产生了更强大的内部基因。"周鸿祎引用尼古拉斯·塔勒布的理论说。

这场"战争"改变了腾讯："在'3Q大战'之前，其实腾讯已经进入了一种有点没落的暮气沉沉的状态。但是'3Q大战'刺激、激发了它内部的创新。如果没有这种刺激，它慢慢走上官僚化之后，像张小龙这种创新，在内部可能就被扼杀掉了，包括马化腾也借机调整腾讯架构。它让腾讯重新有了危机感。"

"'3Q大战'之前，我跟李学凌聊了聊，我俩就感慨说，我们所有的公司都会感到腾讯像一个死亡的阴影一样，徘徊在头上。那之后我给马化腾发短信，我说你何必一定要对大家赶尽杀绝呢？这会让所有人都成为你的敌人。你已经是伟大的企业家了，对我们这种人，还是留一点饭吃。我说你完全可以投资大家，你就变成革命领袖了，无论谁多牛气，都是您投资的。后来马化腾曾经拿我的短信说事儿，说是我找他要投资未遂，所以悍然发动'3Q大战'。

"我指给了他一个理念。但是没想到，马化腾真的实现了这个理念，真的到处去投资，投资京东，投资大众点评。当他真的这么做的时候，你发现他真的变得特别强大。马化腾做了很多改变，他愿意放弃很多业务，愿意变得更开放。通过投资而不是征战的方式，他把这个帝国做得更大了。他实现了一个更高层次的帝国，也是更高层次的垄断。"

"3Q 大战"之后，360 尝试做搜索，同百度发生"3B 大战"，以及做移动安全，同小米发生"小 3 大战"。这些"大战"在当时都是报道无数和口水横飞。360 一度市值超过百亿美元，成为中国最大的互联网公司之一。我们可以将周鸿祎和他的公司视作这些"战争"的获益者。不过，这些战争无一例外也都让它的对手变得更强。

"当时大家为什么认为百度最危险，因为百度已经变成了一个大官僚机构。它的最大竞争对手被赶出去了，它没有对手，垄断了市场，没有再做创新的产品。你还记得李彦宏有一年在百度大会上，非常自满地告诉大家，做无线互联网，犹如雨夜开快车。但是我们做搜索，抢占百度的市场份额，反而惊醒了百度，它开始讲狼性文化。百度也获得了一种活力。

"百度跟腾讯获得活力之后，他们在投资上开始非常激进，包括他俩还梦想要抢电商，从某种角度来说，也刺激了马云。马云都准备退休了，我相信他是真心想要退休。马云当年就讲，我最多干到 50 岁，然后去教书。马云底下的团队培养得也不错。但是一个微信红包，一下子就把马云打醒了。虽然今天看微信也没有那么……但你不觉得马云也在变吗？马上就退休了，但还是回到公司备战，然后整个阿里动起来了。

"这不是我们有意造成的，但是我们无意中造成了这种结果。其实中国这几个巨头到今天也不见得很有安全感。马化腾也没有安全感。对吧？"

抛开周鸿祎的观点，一种分析说，马云应该感谢周鸿祎。因为周鸿祎以一己之力，吸引了腾讯和百度的注意，这让阿里巴巴可以在一段时间内没有或者减少了来自另外两个巨头的压力。

此前互联网圈内曾有过三大三小之说，来形容中国互联网公司的一线阵营。三大毫无疑问是指百度、腾讯和阿里巴巴，三小则是京东、小米和 360。姑且不论准确与否——市值在百亿美元之上的互联网公司还包括唯品会和网易，但至少表明 360 一度被视为巨头替补。周鸿祎说："我也曾自问，虽然我跟腾讯、百度发生过遭遇战，但想想这些战争都不是我主动挑起的，而是被迫的。别人可能觉得我成长比较快，就引发巨头来修理我，我进行了这种自卫。大家不自觉地把我跟巨头放在一个量级上来看。"

问题来了，周鸿祎是否和很多雄心勃勃的互联网企业家一样，内心藏着一个巨头的梦想呢？

他马上否认了，"这是误解"。单凭"战争"并不能造就一个巨头，那些批评他的观点也是他所持的观点。唯一的不同是，周鸿祎自己并没有想要成为一个巨头，至少他在此刻是这么说的。他并不像他的朋友和对手雷军，后者之所以离开金山，之所以没有去做他已经非常成功的投资，而是选择重新开始创业，是因为他实在太想做一家有巨头般影响力的公司。

周说："我的梦想不是成为巨头，而是做出用户认可的产品。我现在越来越领悟到，成为巨头，不是光说你的产品能力要好。就好像一个很会打仗的将军，未必能够当皇帝，对吧？一定是政治家能够当皇帝。所以你看在中国能做巨头的大企业家都是懂政治的——这个懂政治不是贬义。从根本上讲，我觉得同他们相比，我还是过于没有城府，还是过于简单直白的一个人。有很多人看我，就觉得我还是一个做产品的人。

"还有，成为巨头是需要运气的。很多人成功是因为他在恰当的时间做了恰当的事，未必是像他自己总结的那样，完全是一种非常主观的驱动。那么说的人都是在讲成功学，实际上都是不真实的，都是为了神化和美化自己才这么说的。"

他老在内部开玩笑说，不要以为打了几场仗，就把自己当世界第三军事强国了，"别一捧你，就以为自己会成为中国下一个巨头了"。

三

2014年12月初，一张马克·扎克伯格站在一旁、中方代表坐在扎克伯格工位上开怀大笑的照片在社交网络上到处流传，扎克伯格的办公桌上还出现了习近平著作的英文版和小米的吉祥物米兔，而周鸿祎正站在他们身后——他戏称自己是领导保镖和安全顾问。在这次硅谷行程中，他第一次去参观苹果公司，尽管周鸿祎作为史蒂夫·乔布斯信徒的身份在科技媒体圈内已经尽人皆知。

周鸿祎一年至少要去两次硅谷，他会去参观一些创业公司。他也是中国互联网大亨中最热衷于谈论硅谷的人之一。"那边的氛围和这边还是不太一样。"周鸿祎说。

一个有趣的悖论是：我见过的很多已经被贴上成功标签的人，却总是在抱怨人们持有一种单向的成王败寇的价值观，而那些在中国成功的互联网企业家，又总是在谈论他们多么羡慕硅谷的创新氛围。这个环境中的胜利者对这个环境竟也是不满意的。周鸿祎正是如此。

"我们这边总是说要创新，但大多数的创新还都是商业模式的创新；硅谷那边是真正的技术创新和产品创新，匪夷所思的点子比较多，价值观也不一样。中国这边，大家自觉不自觉还是以有没有上市、市值的高低来衡量是否成功。然而，中国互联网今天竞争的压力和快速性，我觉得比硅谷要激烈很多。在硅谷，还是有很多公司在做自己想做的事情。而在我们这边，感觉大家都被指挥棒指挥着，甚至连 BAT 也都感觉很焦虑。"周鸿祎说。

这时候他已经忘记摄影和摄像带给他的不悦。在他同事的安排之下，我们九个人的摄像团队已经带着器材悄悄地离开了他的领地。他也忘记了牙疼，沉浸在自己的言语之中。即使不喜欢他的人，也不能否认，周鸿祎是一个雄辩和喜欢思考的人。如果不做一个互联网企业家的话，他一定可以做一个不错的老师或者记者——在谈到同 90 后的交流时，他称自己同他们之间并无任何障碍。"要说起来有些特质——任性、情绪化、特立独行、口无遮拦，我好像跟 90 后差不多，就是比他们年龄老一点。"唯一让他遗憾的是，"90 后比较讨厌说教，而我觉得自己很擅长说教"。

随同他一起去美国的同事说，他在飞机上几乎不睡觉，都在看书。他的行李箱中满满当当塞着的全都是书和杂志。他也爱跟人分享。2014 年他出版的图书《周鸿祎自述：我的互联网方法论》，就是根据他在各处跟人分享"互联网思维"的讲话稿整理出的结果。每次演讲之前他也从不准备，全都是临场发挥。状态好时就讲得好些，状态不好时，他自己讲着讲着也觉得难受。

社交网络上流传的照片可以描绘出他们在硅谷访问的路线图：扎克伯格、杰夫·贝佐斯、蒂姆·库克、埃瑞克·施密特……不过周鸿祎称自己倒是更乐意去看小公司，虽然没有人知道这些公司的创始人是谁，照片贴在社交网络上也不会带来什么转发和评论。红杉介绍了一些自己投资的公司给周鸿祎，"硅谷的活力在他们身上"——周鸿祎和他的 360 也曾是红杉投资的公司之一。在硅谷的杨致远和田溯宁也介绍了一些自己投资的创业公司给周鸿祎。"匪夷所思"，周鸿祎用这个词来形容他们投资的一些项目。但是，"这才代表了硅谷的文化和精神"。

杨致远曾是他在雅虎时期的老板。正是杨致远推动了雅虎收购周鸿祎早年创立的公司 3721（正像后来杨致远推动雅虎投资阿里巴巴 40% 股份），并且使周鸿祎成为雅虎中国的 CEO。当时，周鸿祎被媒体称作是雅虎门口的野蛮人，这预示着他和这家公司之间的文化冲突。他在雅虎的经历并不愉快，当然，他也让雅虎不太愉快。这就带来了一个传播很广的流言：当周鸿祎离开雅虎时，杨致远亲自打电话给他认识的投资人，请他们不要投资周鸿祎。

这是真的吗？

周鸿祎马上否认。"应该不是，杨致远是一个很好的人。他是那种人……就是你真的做了对他有伤害的事情，他可能咬咬牙，就过去了。"

关于雅虎，周鸿祎说："当年肯定有很多不愉快的东西。这种不愉快导致我最后离开。但是经过很多年后，你回过头再看，上帝给你安排的任何一段经历，都是一种体验。最重要的是，你在那里待了两年，学到了很多东西。我觉得我在雅虎至少还是开拓了眼界吧。比如在雅虎之前，我没有做过邮箱，没有做过门户，没有做过即时通信，没有跟国际化的公司打过交道，尽管有很多不愉快的经历，但也让我更多了解美国公司是怎么想的，美国人的思维方式是什么样的。"

如果你仍然记得周鸿祎在此前对雅虎的评价，就能感受到他的变化。2010 年接受采访时，周鸿祎曾谈到过雅虎，对于这家正在受到包括谷歌等后起巨头冲击的公司，他说："今天我认为上帝已经惩罚了（雅虎）这家公司。"

现在他可能不会再认为雅虎的衰落是上帝的惩罚，因为他也在感受着"规模之痛"。

奇虎 360 现在拥有了一座共有 17 层的办公楼，也开始像人们津津乐道的硅谷科技公司一样，为它的员工提供餐饮、水果、健身房和娱乐设备。2011

年 3 月 30 日上市之时，这家公司还只有不到 1000 人，现在则超过了 6000 人。"短短的三年里面，团队膨胀了好多倍，所以真的是很多员工我叫不出来他们的名字，都不认识他们，也不知道他们在做什么。"周鸿祎感慨说。

速度是礼物，规模则是诅咒。团队的快速膨胀是这个时代高速增长的中国互联网公司必须面对的管理挑战。刘强东面对着这个问题，王兴面对着这个问题，周鸿祎也面对着同样的问题："公司的文化在快速稀释掉，文化是需要积累和沉淀的。那么大家还有没有一个共同的说话和做事方式？还有一个问题，业务多了，部门多了，层次也多了之后，不可避免地带来了条块分割、本位主义，部门协作会碰到问题，执行力也会碰到问题。一个想法要落实，很多人会把它变得非常复杂，天天讨论来讨论去，或者各种流程走来走去，明明很简单一拍脑袋就可以做的一件事，大家却变得顾虑重重……"

"那你现在可以理解当年雅虎作为大公司的痛苦了吗？"我开玩笑问他。

周鸿祎非常可爱地迅速点了几下头："理解理解。"

他面有痛苦之色，"当时我就觉得，很多事对我来说很简单。但把这个问题放到雅虎高层去考虑，他们就顾虑重重。当时我觉得杨致远应该支持我，现在回头去看，他也很为难。那时候我觉得（杨致远）你怎么这么面呢？现在我就发现，公司大了之后，它真的像包袱一样。要想像乔布斯一样，不去顾虑很多东西，拿出刀来削掉它，还真的是需要很大勇气。

"有时候我面临一些问题，比如处理一些人事问题，我就发现，我也变得很优柔寡断，要顾虑的东西太多。当做一个小公司时，你把一个人开掉就开掉了。但现在大家就会说，行业怎么想，别人怎么说，我们以后还招不招这样的人。我一听，有道理啊，所以就是顾虑太多。顾虑多，你会少犯错误。但问题是，你慢慢地就变得不够尖锐，企业就会走向平庸。"

周鸿祎正在寻求解决之道。他一直以来的方法是努力保持公司的"小"。2013 年年底 360 的一次架构调整，就被解读为是为了防止大公司病。调整的方向是结构扁平化和去夹层化，重要的业务线直接向周鸿祎和总裁齐向东汇报。在《周鸿祎自述：我的互联网方法论》中，他也提到 360 内部有一些项目是由他亲自来抓。

"我一直在探索，怎么把公司变得相对扁平，内部变成以产品为核心的小团队。"他说。

但是很明显，周鸿祎仍然不满："我现在觉得这样做还是不够。人进来太快之后，如果人本身不够好，你让他独立去做产品，那么最后谁来对产品的质量把关呢？最后全靠我一个人或者少数高管也是不行的。所以我们开始用一种可能更革命的做法。以后我们会尽量把一些业务拆分出去，你必须把它推到市场上去，真正让它独立出去。"

这种独立甚至还意味着要离开 360 这幢临近 798 的办公大楼。"让它真的搬出去，自己找地方去，真的像一个创业公司一样。"

"你还别小看这个办公室环境，它对人的心理暗示非常强。你搬到这个楼里以后，就有点儿大公司范儿了，对吧？人也很多，办公室环境也还可以，它会不自觉地给人两个心理暗示：第一，这是个大公司；第二，他不觉得自己是公司的依靠了，他觉得自己可以依靠公司。"周鸿祎说。

四

我们第一次见面之后的第二天，360 计划收购一家手机公司的新闻开始传出。周鸿祎也发了一条微博，说自己计划搬到南方去住，为这条传闻更增添了可信性。这倒并不让我意外。因为在上一次谈话中间，聊到智能硬件时——周鸿祎将 2014 年称为 360 的智能硬件元年，我问他，360 是不是就此打算放弃再做手机了？结果出人意料，周鸿祎直勾勾地看着我，很诚实地回答"没有"，他马上就要重新再做手机。这个回答让在场的同事都觉得意外。大家都是第一次听说这件事情。

随后，12 月 16 日，奇虎 360 宣布，向酷派投资 4.0905 亿美元现金成立一家合资公司，奇虎 360 会持有这家合资公司 45% 的股权。

周鸿祎对智能硬件始终充满热情，IoT 已经成为他每次演讲都会提到的词语。奇虎 360 在智能硬件上也做过不少尝试。2014 年，这家公司推出了 360 儿童卫士智能手表、360 安全路由及 360 智能摄像机等一系列硬件产品。其中，360 儿童手表在三个月里实现了 50 万的销量。360 随身 WiFi 累计销量已经突破了 2000 万，被称为"蹭网神器"。另外，360 免费 WiFi 软件应用在推出 3 个月之后，用户量已经过亿，热点数量过亿。

而智能硬件现在似乎已经成为"红海"。按照周鸿祎自己的说法："硬件说起来似乎门槛比较低，现在说相声的都可以做手机了。"

但是，知易行难，"我们自己做硬件，开始也觉得很容易做，就冲了进来。实际上，我们都把它想得太简单了。而且我也强调，现在已经不是卖硬件的生意，你卖出去之后使用体验才刚刚开始。摄像头装上去之后每天都在看，手表戴上了每天都在用。所以要把体验做好，要和软件结合。真的不容易！"

他号称自己的团队已经将市面上所有能买到的空气净化器都研究了一遍。"难道你要做空气净化器？"他马上否认："我们不会去做。别人去做空气净化器了，我们才有机会做手机嘛。"

他自己也基本上将市面上能买到的手机都研究过一遍。第一次见面时，他手上拿了一部一加手机。因为他总用这部手机发微博，一加因此成为和360合作手机中最重要的绯闻对象之一。我很好奇，问他为什么不用苹果。他马上说，我也用啊。第二次见面，他做的第一件事情，是将自己用的三部手机一部一部掏出来，放到面前的茶几上，一部一加，一部 iPhone 6 Plus，一部华为荣耀，然后走到办公室隔壁的健身房去拍照。

"其实手机说起来我比较冤。"周鸿祎说，"当初小米出来之后，所有人都不看好他，可能除了雷军，我是唯一看破他的模式而且看好他的人。但是当时我一念之差没去做。可能有的时候我也缺了点浑不吝的精神，其实当时我自己如果坚持做手机也就做了。"

周鸿祎不但自己没有做，而且还信誓旦旦说自己不会做手机。他采用的方式是南下去找手机生产商合作，用他的话说，"花了九牛二虎之力去说服传统手机厂商"，"说服他们就花了半年时间，因为他们对小米起初是很不屑的。说服之后，他们半信半疑地做，做的过程中，稍微遇到点困难他们就会质疑，就会退缩。他们的 DNA 确实和互联网思维不太一样"。

有一次周鸿祎碰到雷军，雷军也跟他说，小米做什么东西（硬件）都能自己控制，而 360，"你在做互联网，做手机的事情你控制不了。两家公司，各怀鬼胎，你没办法跟我竞争"。360 特供机的不成功，证明了雷军的判断。

如果用雷军自己的互联网七字诀"专注极致口碑快"来套用一下的话，360早期做手机，可以称得上是不专注、做不到极致、口碑效应也不快，只是凭借周鸿祎的号召力，拥有一些口碑。

现在回过头看，周鸿祎认为，"方向看对了，方法是错的"。不过，他又称"最近又看到了新的机会，而如果手机有新的创新机会，做手机还是有机会的"。

在2014年平安夜的那封公开信里，周鸿祎小范围地回应了外界的质疑。他写道："我们坚定不移地去做手机，正是因为未来的移动互联网的中心不一定是现在这样的手机。互联网飞速变化，快速迭代，创新在改变着人类生活和商业竞争。未来的移动互联网，它的中心可能是智能汽车，可能是智能手表，可能是你根本想不到的东西，但如果我们只是甘于做旁观者，只是作为布道者，那么我们永远不可能有大的创新，永远不可能抢占潮头。"

巧合的是，360宣布同酷派合资做手机这一天，恰好就是雷军的生日。而且，华为荣耀也在这一天发布了它的一款新机型。互联网圈的人开玩笑说，雷军生日当天和兄弟们一起喝酒聊天到很晚，但是一看360要去做手机，华为也发了新机型，于是第二天还是挣扎着起床接受记者群访。

"3Q大战"时，周鸿祎也是选择在马化腾生日那天发起袭击——上线扣扣保镖。而这一次，周鸿祎则说："我真的不是故意的。我也不知道他那天过生日⋯⋯我这个人记不住别人的生日。而且我们本来不想宣布的，能低调就低调。"

周鸿祎在中国商业世界以产品感好而知名，甚至有人称他为中国第一产品经理。在360内部，周鸿祎发起的"老周授徒"，也是希望将他在产品上的心得传授给公司内部年轻的产品经理们。他自己说，他在产品方面的"灵感"，三分之一来自于自己的想法，三分之一来自于看别人的东西，"这个世界上聪明人很多，看别人的东西会得到很多启发，即便那个东西做得不完美"，另外三分之一来自用户反馈，"任何产品的创意都来自于用户的一个未被满足的需求"。

"李鸿章说，世界上最简单的事情莫过于做官。换一种说法，世界上最简单的事情莫过于做产品经理。因为做产品经理，我觉得就一个要求，你能够换位思考，从用户的角度去看产品。"周鸿祎说。但让这件简单的事情变得复杂的是，他发现，很多人如果只是一个用户，就会很容易对一个产品提出诸多不满的意见。但是，只要你宣布他变成了产品经理，他马上从一个对产品的不满者变成了产品的辩护者。

五

从媒体上的报道来看，周鸿祎 2014 年下半年过得一点都不好。如果从股价上衡量，奇虎 360 的股价从最高时的 120 多美元跌到了 60 美元左右。股价下跌让这家公司退出了市值百亿美元俱乐部。尽管 360 的市值仍然有 70 多亿美元，在已上市的互联网公司中，只有 BAT 三巨头、京东、唯品会和网易高于它，但这已经足以让它成为人们议论的对象。毕竟，大家对周鸿祎和 360 的期待是中国互联网第二阵营的领军者。小米在 2014 年年末 450 亿美元的估值更是加深了人们对 360 成为"掉队者"的印象。

"我几乎从来不看股价。"对于这一点，周鸿祎自己的说法是，"所谓市值，只是一个公司的一个阶段而已。我能把安全做好，这个公司对社会有价值，大家离不开它，不是挺好的吗？为什么要按一个标准来衡量所有公司呢？我现在对于外部的环境看得很清楚，我们应该按自己的节奏走，不能被对手打乱节奏。媒体和行业怎么看，都是别人替你瞎操心。自己还是应该心里清楚。"

收购搜狗未遂、特供机失败和快播被封，被普遍认为是周鸿祎这两年遇到的一些失意之事。事后来看，周鸿祎有自己的解释。"搜狗是我们叫停的收购，我们可以跟张朝阳谈，但没有办法让团队跟我们一条心，团队又是我认为最重要的。现在站在王小川的角度我也特别能理解。他就是希望独立，不被人控制。他的股份虽然少，但他希望公司可以自己掌控。最好多找几个股东，这几个股东可以相互制衡。如果当时我们不是提出要收购，而是投资，可能还比较好一点。"

360 也曾经想收购俞永福的 UC 浏览器，但最后也还是没有争过阿里巴巴。搜狗拿了腾讯的投资，UC 最终被出售给阿里巴巴，这让周鸿祎意识到，"通过收购兼并，去买一个成熟的业务"，这条路不适合 360 走。至少有一个原因是，"巨头永远能比你出更高的价钱"。

开始做手机时，选择同不同手机厂商合作特供机，正如之前所说，周鸿祎也认为自己是猜中了开头，但是没有找到好的方法，去找了一堆半信半疑的合作伙伴。"其实就应该去买一家手机公司，或者投资一家。我就是当时没坚持下来。"

周鸿祎没有为市值和"选择错了"这些问题焦虑，但他也毫不讳言自己的确焦虑。在谈话过程中，他几次用"Growth Pain"和"痛苦蜕变"来描述自己的感受。

他的焦虑中有对产品的焦虑，"即使我有一个很看好的方向，有一个很好的主意，但是产品做出来以后，我都不是很满意。有的产品我自己公开讲不满意。我写了本书，在外面给人讲怎么追求极致，怎么从用户出发。结果我们自己都违背了我说的原则，一些产品做得很粗糙"。

他提到了乔布斯在1995年接受的一段采访，乔布斯在访谈中说："我离开后，对苹果最具伤害性的一件事是斯卡利犯了一个很严重的错误，认为只要有很棒的想法，事情就有了九成。你只要告诉其他人，这里有个好点子，他们就会回到办公室，让想法成真。问题是，好想法要变成好产品，需要做大量的工作。"周鸿祎曾经应邀对这段采访做过点评。他的批注也被收录到他的《我的互联网方法论》中。让他痛心疾首的是，"道理我都知道，但是我自己都在违背"。"如果你觉得这是个好想法，你就应该亲自去做，全力以赴地做。再看到时，我觉得这句话说得太对了，我怎么就忽视了这句话呢？"周鸿祎感叹道。

现在，周鸿祎还是希望通过4亿美元投资酷派，能够再次抓住当初失去的机会。

周鸿祎在微博上说要搬到南方去住。我问他是否是认真的，还是只是个玩笑。周鸿祎的回答是："你要真做手机，就要全力以赴去做……最重要的还是我和我的团队能挑出我们最精干的团队。我自己要亲自上场。"

"在过去的一到两年时间里，我在想，也许我太贪心了。其实，一方面我不像外界说的那么贪婪；但另一方面，跟一个创业公司比，我还是试图去做了太多的事情。这就导致我们很多事情，落实不好压强原则。"他说，"我老是克制不住这种做新产品的冲动。"

然后是组织和管理上的焦虑。"过去我考虑问题很单纯，只考虑产品，只考虑事情怎么做，然后自己身先士卒。在2014年我意识到公司到了这个规模，很多让我焦虑的问题，归根结底都是人的问题。我过去其实不太琢磨人性，自己情商也不高。"他感觉到自己一贯使用的管理方法碰到了问题。过去他可以身先士卒，可以在管理团队时肆无忌惮，因为他相信乔布斯的说法，A级人才是不怕挑战的，你甚至可以不用考虑对方的自尊心。但是今天，"现实告诉你，很多人你骂他骂得狠只会把他给骂蔫了。还有的人你挑战太厉害了，他就恨上你了"。

他像一个受到伤害的人那样一脸诚恳但也疑惑不解："真的，人不是想象的那么单纯。我发现自己碰到了所谓的瓶颈。过去我对事考虑得多，对人性考虑得非常少。我以为大家都应该跟我一样，所以我是用对自己的方式对他们。我对自己也很苛刻，也有很多挑战，我并不怕去承认自己的错误。但很多人不是这样的，他们也不能接受这样的态度。"团队的规模让这件事情变得更加难以解决，"60人的时候你可以要求大家跟你一样，但6000人的时候，确实很多人想法跟你不一样，但你也不能把他们都赶走"。

"我突然觉得，我跟马云是有差距的。如果比懂技术、懂产品，可能马云不如我。但是他可能更懂领导力，更懂人性。所以马云可以驾驭更大的事业。"周鸿祎说。

"2014年我在想，我要变成一个什么样的人呢？我继续做行业里的第一产品经理？还是说要改变我自己？这个问题我也没有答案。"

他突然就陷入了这种严肃的思考当中。而且由于他对自己困惑的彻底的坦诚，我甚至都很难给出合适的反应。

他接着说："比如我最近在思考的问题，有两种领导做派，一种是强势型的，领导很能干，什么事都有主意，底下人只要照办就行。还有一种是无为而治型的，领导越弱，底下人就成长得越好。道理都对。然后我就在想，我应该走哪条路呢？真的，你不要笑。这对我是个挺大的问题！"

不过，在我们第二次见面时，一坐下来，还没有等我提问，周鸿祎就开始主动表达出对自己坦诚谈论困惑的"悔意"："我发现一个问题。我发现在今天的商业社会里，说实话是不受待见的。我最近看了一些采访，所有采访基本上都是吹牛，他通过将信息传递出去给大家信心，给团队信心；相反你要是去做一些总结和反思，外面的人就会揪住你不放，觉得你有问题。所以我在想，我们还是多谈一些正能量的东西。"

　　周鸿祎担心，自己的坦诚会被竞争对手利用。他称自己参加过一个会议，谈360做智能硬件的经历，又讲了讲360做特供机的故事，还举了路由器的例子，拿第一版360路由器做剖析，"应不应该做两个天线，到底应该做几个LAN口"。"我并不认为这是失败，比如说我一个产品没做好，但我知道为什么没做好，我重新再做。"但是周鸿祎称，自己随后收获的是一大堆互联网上的负面报道。"什么360失败，360硬件战略失败，360路由器失败，周鸿祎宣布放弃什么东西……结果我的同事叫苦不迭：你在外面不替我们做广告就算了，还给我们泼冷水，弄得用户都来质疑，到底我们还做不做了。"

　　我问他："那你是想改变风格吗？"

　　"就是我现在发现原来我挺鄙视企业家对外吹牛包装自己，把自己神化。但最近这个价值观受到了巨大的刺激。"

　　"你受了什么刺激？"

　　"我就觉得，你看从企业家到创业者，大家出来都是意气风发，俨然每个人都有巨大的成功……其实中国互联网走到今天，每个人都犯了很多错误，走了很多弯路。如果闭口不谈这些，只是吹牛，我认为这不是事实……我比较痛恨说假话，痛恨吹牛，这是我一个比较重要的原则。就像你刚才问我，有什么坚持不变的原则——我一直坚持做人要诚实，包括坦然面对自己的问题，包括鼓励做企业要复盘。"

六

　　在我们最后一次采访结束之前，或者说在他下午的日程必须开始之前，他看着面前打印出的采访提纲，回答了每一个问题，包括那些我没打算问他的。

　　他仍然没有把时差倒过来。因为在我们两次见面之间，他又出了一次国。

他有些记不清楚自己去年读过的印象最深刻的书是什么了。不过他倒是很认真地列举出一些电影的名字。而且，在整个谈话过程中他也在不断地抛出新的电影的名字，从《拯救大兵瑞恩》《僵尸世界大战》到最近的《超验骇客》和《狂怒》——每次当我表示没看过他提到的一部电影时，他都会问我："你是不是不爱看电影啊？"

他主动回答了自己上一次流泪是什么时候，讲到了对自己两个孩子的期待，他提到自己每天要睡八个小时的时候，我心里长出了一口气。

尽管他认为能够让人们随时随地接入互联网是个伟大的成就，但他也有些担忧它的负面影响：人们无时无刻不在盯着手机。

当我问他是否会跟其他互联网企业家谈及他的担心时，他的反应是："我自己就是做互联网和移动互联网的，我说这个人家会不会说我矫情？再说了，跟一帮做互联网的人谈时间都被互联网占据的危害性，是不是有点像一群卖白粉的坐下来开会讨论毒品的危害性？"

不过，所有这些都没有谈及悬挂在他办公桌后的切·格瓦拉画像那么让人意外。

为什么这幅画像会出现在这里？

因为这里本来挂着另一幅画——一幅小马画像。"我就跟装修办公室的同事说，我墙上挂着 Pony 的画像这不太好吧？于是他们就换了一幅切·格瓦拉。"（Pony 是腾讯 CEO 马化腾的英文名，也就是小马。很多互联网记者都喜欢称马化腾为小马哥。）

"就是这么简单？它对你没什么特殊的含义？"

"就是这么简单。"

然后，他开始谈论历史上的切·格瓦拉，谈论切·格瓦拉并不是一个毫无缺陷的英雄。

单元思考

施正荣

在这个糟糕的年份,似乎没有比施正荣更好的代表了——正像对于中国经济的一路狂奔而言,也没有比他更好的代表一样。作为太阳能电池产业的布道者、践行者与领导者,繁荣时,人们将荣耀归功于他;凋敝时,人们也无可避免要将衰败的责任归咎于他。人们称他终于走下神坛,失去了"太阳王"的光环,没有能够为这个危机中的行业提供真知灼见,而仍然沉浸在谈论自己拯救地球的空想之中。

宋卫平

"有些事情如果我再努力一些,其实是可以管得更好一些。"宋卫平在总结自己的工作状态时说。现在绿城的困境反而激发了他的斗志。"处于逆境时,除了责任心,还有一种好胜心。逆境时大家日子都不好过,那我们多努力一点,有没有可能靠自己的力量……大家都太太平平,有自己没自己反而变得不那么重要"。他回到了自己熟悉的竞技领域:"有时候这也是一个局。一个牌局,一个棋局。"这个只是想让世界变得更美好的人,能否破局而出?没有人希望他做不到。

周鸿祎

"我的梦想不是成为巨头,而是做出用户认可的产品。我现在越来越领悟到,成为巨头,不是光说你的产品能力要好。就好像一个很会打仗的将军，未必能够当皇帝，对吧？一定是政治家才够当皇帝。从根本上讲，我觉得同他们相比，我还是过于没有城府，还是过于简单直白的一个人。有很多人看我，就觉得我还是一个做产品的人。成为巨头是需要运气的。很多人成功是因为他在恰当的时间做了恰当的事，但未必是像他自己总结的那样，完全是一种非常主观的驱动。"

第 4 单元

人性的，更人性的

创新工场：疾病更新李开复

李翔按

  2016年年初，李开复老师带着创新工场投资的一些创业者来到硅谷，我也有幸同行。那段时间是我比较彷徨和迷惘的阶段。做了超过十年的报纸和杂志，在互联网浪潮的击打之下，的确有些不知所措。一路上，受到开复老师不少的关心和指导，也增进了很多对他的新认识。

  毫无疑问，李开复首先是一个杰出的管理者和投资者，这从他过往的经历可以看出来。他亲身经历过几个代表性的科技公司，包括苹果、微软和谷歌。他创立创新工场，又亲历了中国的创业热潮以及移动互联网大潮。

  其次，他是一个敏锐的科技行业的观察者。每一次听他谈论大公司的起伏、科技行业的浪潮变迁，我都受益匪浅。

  再者，也是让我印象最为深刻的是，他真的是一个天生的导师。他对年轻创业者，态度总是很友好，又能给出让人受益的建议。他的热心、人脉和阅历都让他特别适合去做一名"导师"。因此，在硅谷听说他离开谷歌后，原本是想创办一所大学，我倒觉得毫不意外。而且，在私心里，我甚至还认为他更应该去做大学校长。

> 你的时间有限,所以不要为别人而活。不要被教条所限,不要活在别人的观念里。不要让别人的意见左右自己内心的声音。最重要的是,勇敢地去追随自己的心灵和直觉,只有自己的心灵和直觉才知道你自己的真实想法,其他一切都是次要。
>
> ——史蒂夫·乔布斯(美国苹果公司联合创办人)

尤金·奥凯利坚信自己可以成为一个更好的CEO。

他通过冥想和不断地追问内心,感觉自己正越发地"随心自在",并且在抵达生命的"完美"。他正在经历一次人生挫折,但他觉得自己从挫折中所获甚多。他学会了更加注重当下,也不再刻意去划分家和工作的界限。在高尔夫之外,他开始喜欢上了滑雪,虽然这项运动同他会计师的性格并不相符。这是一项确定性没有那么强的运动,滑雪者需要依据地形而动。"滑雪允许犯错误,滑雪更加宽容。在滑雪场上,你可以屡屡犯错,但是你还是能滑出佳绩。"尤金·奥凯利说。

他对现实的感知变得更加细腻,他也因此更加喜欢现实。在打高尔夫球时,"我喜欢风拂松梢的感觉,就像海风掠过水面和海洋一般。我还能闻到松树沁人心脾的清香。百鸟盘旋,鸣声嘤嘤,红蓝相间的羽毛无比艳丽"。

他反问自己:"如果在之前的生活中,我能够让这种随心自在发挥得更加淋漓尽致一些,结果又会如何呢?生活的每一天都能随心自在,又会怎样呢?我会因此而丧失在商界的成功吗?"他的结论是:"当年如果能有现在的觉悟,那我就能成为一个更加出色的主管。"他相信自己会更加具有创造力。

看上去他已经相当成功了。当时他已是美国四大会计师事务所之一毕马威的首席执行官,管理着超过两万名员工。当美国总统希望邀请一些知名的CEO到白宫做客时,他必定会在那个名单里。每天排在他日程中等待和他会面的,都是商业大亨和知名公司的CEO。他们或者是他的朋友,或者是他的客户。

现在他发现了可以让自己成为一个更好的CEO的方法或者说哲学——唯一的问题在于,此时距离他的生命结束只有三个月的时间,也许更少。他的大脑被医学无法治愈的肿瘤占据了。

商业精英俱乐部的另一名身患癌症成员安迪·格鲁夫的经历则是另外一种类型。

他以一种充满怀疑的精神浏览了他能找到的几乎所有的关于前列腺癌的论文。白天他照常工作,工作间隙就给这个领域的权威医生们打电话。"晚上,我阅读医学论文,总结论文中的数据,或将不同文章中的数据进行比较……一开始,那些论文混乱得让人吃不消。但我越往下读越清楚,就跟我30年前学习半导体时一模一样。这多少在我的这次挺吓人的经历中,增添了一种奇怪的乐趣。"安迪·格鲁夫说。

他比较了两种治疗方法的优劣:手术和放疗。他以科技企业家特有的方式——概率——来计算公认的首选治疗方法——手术的效果,要知道他可是戈登·摩尔的搭档。"如果我没有囊外扩散的话,数字表明假设给我做手术的医生很棒,我10年内的复发率只有15%。如果有囊外扩散,我在相同时间内的复发率达60%,而我又有60%的可能性属于后者。这表明我10年内的复发率为40%,这个比值并不让我满意。"安迪·格鲁夫说。

他和15位医生、7位患者认真交谈过。那些医生分别是不同疗法的主张者和施行者,那些患者则在实践中采用了不同疗法——有时他会有些恼火地发现,患者和医生的说法并不一致,甚至大相径庭,比如在对手术治疗法后遗症的描述上,患者表示苦不堪言,而医生则宣布大为成功。他抱怨说这种现象绝对不会出现在他所处的行业。

在拜访了主张放疗法的医生之后,他还需要在放疗的几种方法中再做比较：他将两种治疗方法写在纸上，他称之为病情的资产负债表，然后从中选择了"聪明弹"放疗法——这种治疗方法采用将高剂量种子短期植入体内后取出的疗法，它使人可以计算并控制放射性种子在体内的时间。

然后，他颇有些自得地说："一共加起来，我只请了3天假。随后，大概过了两个星期，我就一切正常了。然后，体外放疗阶段开始了。作为补充治疗，共做28天，每天只不过几分钟的事儿，却实在很麻烦……让我最恼火的是，我的体重增加了。"

安迪·格鲁夫这段抗击癌症的经历非常著名。他把自己患上前列腺癌的故事发表在了《财富》杂志上。在那本著名的《只有偏执狂才能生存》中，他也专门用了一章来讲述这个故事。他的传记作家理查德·泰德罗开玩笑说，得知自己的老板因为前列腺癌也只请了三天假，英特尔的员工们都不好意思因为感冒请假了。史蒂夫·乔布斯在获悉自己患上癌症之后，就在第一时间打电话给了安迪·格鲁夫。安迪·格鲁夫陪了他两个小时，并且给出了自己的建议。

本文的主角李开复则介于这两者之间。和安迪·格鲁夫一样，在接到医生关于自己患上四期滤泡型淋巴癌（他体贴地对笔者说，关于滤泡型淋巴癌的具体解释，可以在百度百科上查到）的宣判之后，这位中国大陆知名的商业精英也选择了自己的研究方式。他通过互联网访问医学网站，来确认自己的病情严重程度——他得到的结论是医生关于癌症一到四期的分类方法并不科学。他通过这种方式重新找回了乐观。乐观，这是成功的创业家和成功克服癌症的患者都需要具备的重要品质。

当然，他和安迪·格鲁夫一样战胜了癌症——科普作家和医生悉达多·穆克吉称之为"众病之王"；而尤金·奥凯利和史蒂夫·乔布斯很不幸地都没有成功。不同的是，安迪·格鲁夫非常自得于自己只请了3天假，然后用了28天时间，"我挺过来了。不再有什么激素反应，放疗，午睡啦"。在放疗后3周，他按照日程表在日内瓦1995年电信大会上做了他称之为"我职业生涯中最重要的一次演讲"。李开复则用了17个月才回到创新工场位于北京中关村鼎好大厦的办公室。在此前的17个月时间内，他只能在台北通过视频来参加创新工场每周的会议。而且，即使是在回归之后，他仍然对自己的工作进行了调整。他声称自己只会用一半的时间在工作上了。他希望像安排好工作一样安排好压力和健康。

和尤金·奥凯利一样，李开复重新发现了"生活"这回事儿。他的感官被重新打开，现实向他呈现出除了"成功"之外的其他美好。2月13日在北京的家中同包括《财经天下》周刊在内的媒体交流时，他讲述了这样一个故事："几个月前我去朋友家做客，一进门，觉得他们家的桂花好香，家里布置得好漂亮。我说，你家布置得很好，这个躺椅真棒，家里布置得这么好，让人很想去躺一躺。他说，我家一直是这样啊。我说，你家不是刚装修吗？他说，你都来我家好几次了，怎么会这样说？你以前是不是都不太关心这些？每天脑子里在转的都是，创业啊，投资啊，30分钟了还没发微博啊，谷歌发生危机了，来了个什么人啊。你现在是不是终于可以闻到桂花香了，可以看一看风景了？"

脸上长满包包的汪华当时坐在李开复旁边。在李开复缺席北京创新工场的17个月时间里，汪华是创新工场在投资方面最重要的领导者。他以聪明和不修边幅著称。李开复看着汪华对大家说，你看，这时候你就要注意了，这是免疫力低下的一个表现。不过，他马上补充说：汪华可以放心，这不是带状疱疹，我现在能够认出带状疱疹。在被确诊患上癌症之前，李开复也曾患上一次严重的带状疱疹。

他甚至开始谈论自己从前是不是过于"功利"了。他开始重新思考通过自己的几本书传递出去的价值观：最大化影响力、做最好的自己和世界因你而不同。

3周之后的3月5日，《财经天下》周刊在创新工场北京的办公室内再次专访了李开复。卡夫卡说，疾病是一种恩惠，它给我们提供了经受考验的可能性。正如我们之前所看到的，尽管确定地知道自己的时间所剩无几，尤金·奥凯利仍然认为疾病是生命送给他的礼物，而且他将自己在病中的感悟写了下来。安迪·格鲁夫战胜了疾病，同时他也将自己的患病经历发表了出来，先是在《财富》杂志，接着是在自己那本畅销书《只有偏执狂才能生存》中。同样，李开复也没有避讳谈论自己的疾病，以及疾病给他带来的改变。

当然，这场疾病在17个月前刚刚宣布时引发的轰动效应到今天也没有完全停止。这不仅仅是因为李开复的身份，他是中国人最熟悉的商业世界的面孔之一，也是微博上影响力最大的公众人物之一；不仅仅是因为这场疾病毫无预兆地突然到来和李开复在疾病面前表现出的谦卑；也不仅仅是因为这场病要让创新工场离开李开复单独运转一段时间，而且当时没有人知道这段时间会延续多久——这同样是一个精彩的故事，一家突然离开了其创始人、CEO、形象大使和精神领袖的机构必须单独运转，它如何保持团队的士气、正常运营，如何在空前激烈的竞争中不落后于对手。当时复杂肃杀的舆论环境也让李开复的病显得不那么单纯。

而在他离开的这 17 个月中，李开复早已看到的科技创业和创富的疯狂劲头并未平缓。中关村一条被命名为创业大街的街道开始广为人知，并且变成了创业精神的符号；阿里巴巴在纽交所的公开上市刷新了 IPO 融资额的历史，并且让这家公司成为仅次于谷歌的全球第二大互联网公司；BAT 三巨头尤其是腾讯和阿里巴巴在以买下整个中国互联网的劲头进行大扫货似的收购；包括陌陌在内的新的移动互联网公司闪亮登场；小米成为了全世界估值最高的未上市科技公司；围绕着移动端的争夺越发激烈，微信和支付宝关于移动支付的战争，滴滴打车和快的打车的烧钱之战（然后它们又在情人节那天宣布合并了），美团和大众点评的竞争；新兴的公司正在比赛着发布 17 个月前可能难以想象的融资额，然后也有人争论说其中有些公司在融资额上作假……因此，对李开复的访问当然也不可能不谈及这些正在发生的事情。毕竟，他是中国互联网世界最有发言权的观察者之一了。

好的，现在，李开复先生，欢迎你以更平静的心态回到这个更疯狂的世界！

专访李开复

Q：李翔

A：李开复

一

谈病情

最危险的时刻、恐惧感、阅读与治疗

Q：之前听说，治疗过程中您有过大出血的经历，情况很危险。您在那一刻内心的想法是什么？

A：流完了就没了（笑）……

其实挺搞笑的，因为那次我大出血的时候，不是内出血，而是人工血管没做好，血就射出来了。照那个速度，估计不需要很长的时间血就流光了。并不是因为我的病很严重，才出现大出血，出血是因为手术之后没处理好伤口。一个非常大的人工血管被拔掉之后，血就射出来了。

其实那时候我太太、姐姐，还有姐夫就在隔壁。我就喊，流血了，赶快叫人，完蛋了。你知道发生了什么吗？他们哈哈大笑起来。

Q：他们以为你是开玩笑？

A：因为我平常跟他们乱说话说太多了。我说，真的，快点快点。他们又笑起来了。一直喊到第三次，我太太终于进来，（然后）赶快出去找医生、护士。她出去找医生的时候，其实我自己觉得也没什么，就是在想该怎么办，没有真的觉得会死掉。

Q：那算是最危险的时刻吧？

A：那就是一件……其实就觉得人的反应真的很慢。我顺便教你们一下，万一哪天有大出血的话，你要拼命把它按下去。电视里都是不对的，流血了只是遮住。不是这样的，你要拼命把它按回去，要不然它就会射出来。

那就是一件我觉得事后想想很搞笑的事情。以后不要再做放羊的孩子，老是骗人。

Q：没有恐惧感？

A：还没想到那里，一共也就是两分钟的事情。恐惧感应该是当医生说我是四期的时候，开始有的。四期就是要死了嘛，结果发现他们的诊断并不科学。

简单地说就是把人的淋巴癌分成一期、二期、三期、四期，百度一下就知道。这四期代表了病情的严重程度，不严重、比较严重、很严重、快死了，这种分法很容易让病人听懂，但一二三四并不是真的很好预测，我觉得这其实是非常不严谨的做法，会产生误导。你跟一个癌症病人说是四期，肯定都被吓得不轻。你有没有看过凌志军的《重生手记》？癌症病人三分之一是被吓死的，三分之一被医死的，三分之一才是因为病情严重死去的。

Q：你读过那本书？

A： 是，我一生病，就读了。他送给我之后，一直放在书架上没看。一读发现，他写得特别好。其实我的这种滤泡性淋巴癌，你要精确评估我存活的年度的话，要看下列一些东西。一个是IgG（人体的免疫球蛋白，对免疫力有重要作用）；第二是叫LDH（乳酸脱氢酶）；第三个是要看你的肿瘤有多大，不是多少，而是多大。6厘米是一个很重要的分界线。如果一个肿瘤长到了6厘米，那情况就挺不好了；第四是要看有没有进入骨髓。还看一些其他的因素，比如年龄。

我自己去查了这些东西以后，发现我的IgG是正常的，LDH偏高，大小没到6厘米，也没有进骨髓，所以我就重新算了一下。用那种简单的分类法，一期没事，二期有点严重，三期很严重，四期是要死了，我大概是2.5期。

所以当我说服自己是2.5期，然后用数学公式算了一下，根据过去的1000个病患的例子，我得到了这几个结果，我还能活5年的可能性是有50%多，活10年的可能性是30%多，这个听起来就没有那么恐怖了。其实就是用科学的过程来说服自己，顺便也了解了医学界的不严谨。但是对我来说，很幸运的是，我看到50%、30%，虽然这个数字听起来好像概率也挺高的。

如果有人跟你说，你有30%的可能性能活10年以上，70%不能。你听了当然会不愉快，可下一步问题就会变成：我如果要把30%变成60%该怎么办，什么情况下30%会变成10%？答案很简单，好好照顾自己。这就是上次我们谈的饮食、运动、睡眠跟压力的问题。如果我都做到80分，也许我的30%就会变成70%。情况就是这样。

Q：我不知道您有没有重新去看类似英特尔的安迪·格鲁夫写自己患上癌症的书？

A： 没有，坦诚地说，从来没看过。我看了很多书，包括尤金·奥凯利的

《追逐日光》。他是毕马威的CEO，从得到确诊到生命结束只有三个多月。然后要过好每一天，活在当下。我也读过一些宗教、神学、哲学、心灵、医疗题材的书籍，然后学习如何帮助脱离悲伤什么的。看了很多养生书，还有什么太极拳、甩手功、气功、中医针灸，有的医生还让你吃姜、打果汁，没有全都做，就是全部看了一遍，判断自己该做什么。我觉得有的做起来很困难，有些尝试了一下就放弃了，有些觉得就不要再尝试了。

我上网查了各种资料，哪些营养品是可能帮助抗癌的，因为这些东西也不能很确定，我就英文和中文都找，大家公认的那些我就去买了一堆。我家里有一个柜子，你拉开的话，两个抽屉里摆满了药。当时经常去美国采购，我女儿帮我带一些回来，有一些直接空运，有些我自己在台湾或者其他地方买。什么维他命、灵芝、孢子粉、胡萝卜素、鱼油，还有台湾一个很神秘的医师送来的帮助提升抵抗力的……后来因为怕吃重复了，所以我就每一天放一个盒子，再后来那个盒子不够放了，我就买了各种不同的盒子，桌子上每天打开来，这么大一把的药……我太太说，你这样子吃（药）早饭都吃不下了，你要把药当早饭吃了。她很担心，就去询问我的医师。医师说你今天吃几颗？我说还好，二十多颗。"太多了，"医师说，"你让我过滤一下。"最后他就说维他命B还有另外两样是可以吃的，其他的就不要吃了。

二

谈疾病带来的改变
工作安排、控制情绪和对疾病的接受

Q：您回来之后，我们也见过两次，经过这么大的变故，您好像也没有重新规划自己的人生。

A：其实有。我说过50%的时间用来工作，不是说每天只工作四小时。我上次见你的那个礼拜排得就比较满。但之后我就去欧洲瞎逛，去购物、逛景点、吃美食了。你看我发的微博、微信就知道了。这样就很放松。强度平均达到50%，这是我的目标。

这次我们谈完，明天我就回台湾了。回台湾后我没有安排任何的行程，下面一个礼拜几乎都没事。就是放下工作，去爬爬山、陪陪家人，还要做个体检，除此之外没有过多的计划了。

另外就是工作的强度跟力度。我给自己的定位是，我不会插手进去干涉他们的工作，他们在过去 17 个月里做得那么好，我会继续放权给他们。我想做的几件事其实也很简单。第一就是成为创新工场对外的一个窗口，无论是对传统媒体、社交媒体，或者是投资人，我可以多花点时间，这是可以轻松做到的。跟你们聊不会说绷得很紧，你们不是大公司投资部要来跟我谈条款的，这是完全不一样的。

第二，我觉得可以利用过去的一些人际关系，去看看全球化发展的机会跟潜力。比如说去硅谷看看那边的投资人，或者去我的几个老东家的高管那里看看，然后就是找找海外有没有很棒的华人回来创业的。或者是对接的机会，中国有什么地方领先硅谷，硅谷那边有些什么好的想法可以带回国内。这些我觉得也是可以比较轻松完成的。

第三，如果是帮助我们所投资的公司的话，我最能提供帮助的应该是哪些比较大的公司，比如说那些正处于从 100 人发展到 1000 人的过程中的公司，而不是正处于从 3 人到 30 人的发展过程中。我会倾向于挑选这些公司来帮助他们，这样也比较符合我过去的经验。这一次我们刚去了豌豆荚，跟他们谈谈战略、发展、机会和挑战。跟整个团队大概聊了一个小时，整个 300 多人，讲了一些我对未来的预期，对他们的认识和建议。

最后一点就是真的在恢复作为创新工场领导者的身份。

领导者，一定程度是一个象征，只要我人在这里，感觉大家的心就会踏实一点。当然，一部分工作是要明确创新工场到底是什么？我需要关注我们的每个员工，听他们的想法跟建议，综合我们的战略和方向。这已经超过设定的 50% 工作量了，不能再多了。

其他的细节我就不管了，见创业者、分析评估，都由他们去做，我负责最后把关就可以。而且把关是跟合伙人一块把关，不是我一个人。这样的话，我的压力也不会太大。

Q：之前在互联网上一直有一些对您的传言，有些涉及政治的，也有些关于个人的蛮恶毒的内容。您有听到或者看到这些传言吗？那时候反应是什么？

A：我因为生病都没怎么看微博，因为我觉得这会产生很大的负能量。你看到一大堆负能量，会让你纠结、烦心，让你生气，就会产生压力。压力之后你就绷得很紧，然后抵抗力就会下降，什么带状疱疹、癌症又来了。这些东西都放下了。我对创新工场有一定的责任感，但是我已经做到了50%，我自己的那些事情，平常心对待。要做有意义的事情，不要在乎那么多。都放下了，所以也不会计较那么多。也不是说完全没有听到，其实是根本不在乎，不关注也不会回应。

Q：您有什么可以让自己内心平静的控制情绪的方法吗？

A：有，其实就是不要让工作形成太大压力。看到团队做得那么好，我就放心了。另外就是意识到自己的身体最重要，然后培养一些习惯，不要每天把自己的行程排得满满的，甚至就不要安排行程。要学会观察、体验、享受一些人生美好的东西，包括跟家人一起，去爬爬山、听听音乐、读读书、看看电影之类的。

我回想以前紧绷的时候，几乎只有看电影才能有所放松。听音乐不行，洗澡也不行，爬山、走路或其他运动都不行，跟家人在一起也不行。他们讲他们的，我想的还是那些，老是围着公司的事情转，这本身就是最大的压力。

你都不知道以前我的压力能大到什么程度。我的背后有两根脊椎，一根是我的脊椎，还有一根因为多年的工作姿势和压力，让我的肌肉痉挛，已经扭曲成一根硬棍了。我这17个月一个很大的成就就是让这根棍子不见了，因为我的状态没有很紧绷，再加上按摩运动什么的，慢慢就好了。

Q：您生病之后，其实我一直蛮好奇，您是怎么看待互联网上对您的病，包括对您个人的一些很恶意的评价？

A：微博、微信、朋友圈我基本上都不上了。所以很抱歉，虽然很多人都说你能看到什么，其实，真的没看到，看到了也不会生气。我觉得过好自己的日子，然后好好地、开心地活着。别人如果夸奖我，我也看不到，我也不会特别地把自己当一回事，现在不关注这些了。

Q：开始知道自己生病的时候，您对创新工场会有什么担心吗？

A：当然会，过去我还是参与了很多事情。就是不知道会做得怎么样，而且我也不知道投资人会不会继续投。如果投资人知道我是癌症四期，不是深度理解什么是四期，我不知道他们会不会继续投入，所以也没敢跟他们说这些。

当然，如果我真的是快到末日了，我还是得跟他们说。但是我自己研究发现，还有30%多概率可以活10年以上，那还好，我就赶紧把自己养好。

当时有很多未知数。但实际上真的顾不了那么多，自己留得青山在，以后还怕没柴烧吗？如果自己身体不行了，那本来不用担忧的都要担忧了，所以我要先养好自己的身体。团队也祝福我，不会来烦我，希望我能早日康复。他们很少问我问题，好消息会偶尔跟我说一下，不要求我做任何的事情，这让我能够比较专注地去修养。

Q：您刚才讲，开始的时候还是有一些担心的，你怎么缓解这种担心？

A：凡事其实……当你碰到过一些特别巨大的挫折的时候，一些新的挫折就会显得比较小，也就不那么会压着你了。所以说，我以前面临过的微软的官司、方舟子的问题、在谷歌时的问题，相对来说都不算什么，所以对公司的担忧并不会特别大。我们谈的这些（挫折），跟得了癌症，哪怕是2.5期的癌症相比，也微不足道。

Q：还是想问一下，医生告诉您这个事情之后，您的第一反应是什么？我记得那时候你还在承德开公司年会？

A：没有没有，那个时候其实还没有确诊，只是说怀疑。人的正常反应，第一反应就会问，"真的？"我要确定它是不是真的。"应该不是真的吧"，然后找各种方法安慰自己不是真的。会去见很多乱七八糟的医生，中医、西医，还有一些比较奇怪的帮你弄各种仪器来测，反正希望听到越多安慰越好，都是在寻找自我安慰。但是一旦确诊以后，下面的问题就是，一方面问为什么是我？

我做错了什么事情？然后谈条件，我做错了什么事情，如果是因为这个得到惩罚，那以后我不做了，就让我活下去好不好？就是这种心理过程。另外一方面，当然是查科学资料，这些都在同时进行。

应该说确诊之后有一段时间是相当低落的。但是一方面查出来不是真的末期，并不是真的只有几个礼拜或者几个月可活了，就尽量告诉自己，我要放松心情，因为越紧绷就越糟糕，越担心就越糟糕。另一方面，就是说："好吧"……其实已经接受了。人碰到困难，总是先不承认，然后是谈条件，最后发现谈不了条件就接受。一旦接受以后，那就好了。但是得有一段时间，没有两三个礼拜是不行的。

三

谈对"工作"的看法

生活工作如何平衡、创业的进取心与平衡是否矛盾以及对"功利心"的反思

Q：貌似现在每个人的平均工作时间越来越长，包括一些公司著名的996的工作时间。我不知道在您看来，对于高速发展的互联网公司，存在所谓生活与工作的平衡吗？

A：我觉得我们要做的是在四点上都做到及格。及格是什么，其实每个人可以自我定义一下。每天睡三小时肯定是不及格的，每天只吃麦当劳肯定是不及格的，从来不运动肯定是不及格的，压力特别大肯定是不及格的，每天睡不着觉肯定也是不及格的。什么是不及格我觉得非常明确。

我会建议所有创业的人、工作的人、全世界的人都应该做到四个方面及格。创业者可能压力上比较难及格，但是至少其他三者要及格。你一天工作比如说11到14个小时，绝对足够了。把自己逼到几乎没有睡眠，如果免疫力一低，就会有很严重的问题。还有另外一个建议就是说要关注自己的免疫力。免疫力降低，什么都来了，最轻微的是感冒、喉咙痛、扁桃腺炎，严重一点是肺炎，再严重点就是什么带状疱疹、癌症。这一系列从不严重到严重的东西，都

是抵抗力低造成的。

抵抗力怎么衡量我不知道，但是如果你整天感冒，满脸是包，得了带状疱疹，或者是得了肺炎、支气管炎，而且不止一次，这些都是信号：慢下来，慢下来……就算你在创业，抵抗力太低的话，最后你再拼命，也是适得其反。你如果得了什么特别严重的病的话，你就根本不可能成功，所以还是要注意身体。

Q：当您分享一些这方面的感悟给创业公司的 CEO 时，他们会真的听进去吗？还是他们的进取心会压倒这些？

A：我不知道，但在听的时候感觉是听进去了。至少有一位我们投资的公司的 CEO，他每天都工作到两三点，然后五六点就起来继续工作，每天睡三个小时左右。他号称自己不那么需要睡眠。我就不断提醒他，后来他的几个拍档建了一个微信群。他们说，我们每晚都工作到很晚，但是我们睡前要发一个"我要睡了"。后一个睡的人由前一个人去提醒，大家依次提醒，睡的时候发一个"我要睡了"出来。当然他们可能还是很晚睡，但至少不会拖到整夜不眠，所以我觉得是有听进去的。

另外，我给他们的一些建议中，有一个建议他们很容易听进去，尤其是（公司）发展到一定阶段的。这个建议是，去做一个全身癌症的筛查，现在这个技术是很先进的。我觉得有点做广告的嫌疑，但做一个全身核磁共振的检查，是几乎不伤身的。而且肿瘤几乎都看得到，除了骨癌、胃癌、肠癌之外，全部的肿瘤都看得清清楚楚。现在有一些医院是具备这种能力的，核磁共振的全身癌症筛检虽然很贵，但是如果到了四十岁以上就可以做一做。我知道有几个创业者就去做了。

有一次组织一帮创业者去台湾，我们就安排了台湾癌症筛查方面非常有名的郑慧正医生跟他们交流。其实我刚才讲的四个及格，也是郑医生的内容，不是我的独创。

Q：经过这 17 个月的暂时离开，有没有什么东西是您之前非常笃定地认为是对的，但现在可能会有所怀疑的？

A：我觉得好多。比如最大化影响，然后拼命地去改变世界。其实我觉得改变世界是可以的，增加影响力也是可以的；但是如果把它当作一切，做什么都精细地去算怎么去最大化影响力，怎么最多地去改变世界，然后将这个作为你一切的动力，这肯定是不对的。因为，我们凭什么狂妄地说能改变世界？世界上未知的东西那么多！我为什么得了癌症，得癌症是因为什么？还是说，癌症是来提醒我，现在是时候要慢慢改变了。是因还是果我们都不知道。既然有这么多不知道的，我们如何可以傲慢地觉得，我们可以去评估影响力，可以来改变世界呢？

这个东西我现在基本上是重新去思考了。很多很狂妄的东西，很多的人特别重视和爱惜名声，所以才会希望增加影响力，微博多添粉丝，写书多卖一点，别人对自己有负面的评价会很生气。我觉得很多人都是这样活着，这样很累。现在我是觉得，我已经做了很多小时候梦想做的事情。我已经很开心了，所以接下来就是比较平常心地对待一切。谁需要我帮助，我都愿意听听，如果能帮助的话就去帮，不会去那么功利地衡量。每个人都是平等的，就像在癌症面前大家都是平等的。太功利地去评估，演讲不到1000个人我就不想做了，微博不增加一百个粉丝今天就白过了。现在想想看，那都是很肤浅无聊的。这样的改变比较多。

四

谈科技与投资

共享经济与万物互联、复盘创新工场投资得失

Q：我看了您之前的两个演讲，讲科技行业的趋势。我想问的是，这17个月里面，有哪些变化是出乎您意料的吗？

A：我觉得共享经济发展的速度，超过我两年前的预测。但是我们也一直在看这个领域，也有成功的案例。共享经济其实是把整个资源的配置、财产的使用、时间的效率，一起都解决了，还有就是把中介驱逐出去。这些东西一次性全部都解决了，通过"移动+社交"的方式。

如果我们由此往下推算的话，我觉得物联网时代是肯定会来的，虽然几年

前出了点泡沫，不是泡沫，应该说是吹牛。因为当时太贵了，但是未来可以想象，其实这一切都不是很难的。理论不难推算，互联网怎么起来的，移动互联网就怎么起来；移动互联网怎么起来的，物联网就会怎么起来。但时间可能要算一算，什么时候够便宜、够普及。一旦起来了就会有很多你难以想象的东西。"移动＋社交＋实时＋地理位置"就带来了今天的共享经济。未来的各个不同领域，比如说家庭智能化、可穿戴设备，或者汽车行业，每一个都会带来巨大改变。未来这种一波一波的浪潮跟巨大的震撼，会持续地出来。

Q：在此前的浪潮里有什么后悔错失的项目吗？

A：谈一个（具体）项目可能不太好，我可以总体上说一下。现在的那些10亿美元公司，有一些我们都是谈过的。可能有一些错失，但我们不是很后悔，重要的是，要去复盘，然后看自己做得好不好。

我觉得有一些是当时嫌贵，这一点我们要反思。真的特别棒的创业者，我觉得是不能嫌贵的。哪怕是少占点份额，贵一点也要投。只要他（创业）的领域是你认为很不错的，他适合做这个事情，而且又年轻，基本要多少就多少，投了！我们也许钱不够，占不了多少份额。错失超级明星——就是说能力超强的创业者，我觉得是很可惜的。你也可以看到最近我们投了几个相当贵的项目，表示我们这方面已经吸取些教训。

有一个还有点争议的（情况是），本身一个明星创业者、很棒的创业者，但方向是绝对会失败的，这个我们还在考虑该不该投。从一个角度来说，你先投了，建立起了关系，钱烧完，或者钱也许没烧完就换方向了，再或者烧完了你去再投一次。这个在我们内部还是有一些争议。还没有找得到（方法）。我觉得我们团队是偏分析型、专家型的投资人。对于这点我们还是没有达成共识：只要人对，是不是不管他做什么我们都支持。如果我们认为这个东西必然是不行的，我觉得我们现在的共识还是不投。因为这跟我们的风格还不是很匹配。

可能还有一种情况是，这个人我们认为他真的跟我们公司价值观方面有大的偏差。我们不后悔因价值观的差别而错失的项目。因为到最后，不同的人走在一起，给彼此带来的只是痛苦，何必呢？也不是说我们要求他是和我们一样的人，而是说价值观、底线方面，比如为人、人品、底线方面有伤害用户的举动，我们一点都不会考虑。

Q：您讲的第二种情况，就是绝对会失败的方向，一个足够优秀的创业者，他自己意识不到这一点吗？

A：有时候不会，这是一个悖论。我跟你讲的每一种情况都有现实的例子。他就是不会，也许当时他是基于不同的背景，看问题从不同的角度，而且每个创业者都很自然地爱着他做的东西。

又或者是，一个很棒的年轻人，还没有太多经历，然后需要一点点钱，但是做的东西必然会失败。这是一个延伸出去的问题。我们可能还是很难（决定投资）。因为我们不会花了这么多时间分析判断，然后去投一个明显我们认为有着一个必然的走向的东西，是99.99%会失败的。我们看过太多的案例，很多创业方向比如从理论和实际上来说，它的市场是不存在的。

如果是很棒的年轻人，该不该就支持他一下，这样以后还有个（继续投资他的）机会，而且也是在帮助年轻人达成梦想。我们如果说YES的话，会对整个公司的方法论跟文化产生很大的冲击。我们那些年轻的投资经理会说，原来我们不用那么深地去分析，看人就可以了。那我们也来看人吧！

看人很棒，徐小平很会看人对不对？但是我们的团队，每个投资经理不是评估看人的能力招进来的，而是看重对行业的深度理解分析，对产品的深度挖掘。这批人在这方面很强。如果突然说，大家都来看人吧，那我们肯定是做不过别人的！

就这方面来讲，现在还是比较纠结的。

Q：这个问题跟上一个问题是相关的。创新工场可能是大陆最早看到移动互联网趋势的一家机构，但现在来看的话，它却不是移动互联网趋势的最大获益者。您认为原因是什么？

A：在这个问题上，其实很公平。当然，我觉得我们其实做得也不错，回报也很好，投资人跟我们都很开心，所以我不会去纠结谁是这一波最大的获益者的问题。但是如果你问我们为什么不是最大的获益者，其实很公平。

存在这几个问题：

第一，当你很透彻地分析了一个领域，然后真的处于领跑位置的时候，可能应该多投一些公司。不要想着我们来布局，布局五六个公司，然后最后构建的 eco-system（生态圈）只有自己成功了，别人都不会成功，哪有那么好的运气？只想做某一个环节的，或者发展 eco-system 的某个具体的方向，你不会看得那么准。你的方向已经领跑别人了，不妨多投点，这是我们复盘得出的结论。然后就是，只要是很棒的人在做这个领域，就可以投。他做的领域已经很靠谱，人也很棒，又不是必然失败的，那就多投点。这是我们现在得出的结论。

我们其实是秉持这个精神去投的数字娱乐内容领域。我们投了非常多的公司，也不会去纠结你们两个会不会有点竞争，只要不是说一模一样的，我们就投。当你好不容易领跑一点的时候，要赶快做。

第二，最棒的创业者一定是非常有自信、特立独行的人，不是只寻找孵化的人。所以，我们现在不会再去找那些需要屋檐孵化的人。这不是说我们当时投的那些人有问题，只是说我们当时的模式，会对那些独立性、自信心特别强的人产生不好的感觉——他们要找一个给自己帮助的天使，而不是找来当自己老师的或者孵化器机构。这一点我们也已经学习、领悟，并修改了。

第三，很坦诚地说，是我们的钱不够。那个时候我们只有 1500 万美元，而且没有全部到位。那些早期有机会投入的，它们的估值……比如说我们知道的那几个特别值钱的公司，假设我们有机会投的话，那个时候它们的要价跟我们银行里的存款……有些我们也是投不起的。这就看运气了，这是没办法的事情。

Q：王兴跟你们谈过吧？

A： 谈过，都是朋友，你现在看到的那些公司，大概每个我们都认识。有些可能没来找我们投资，有些可能我们因为种种原因没有投，有些可能因为种种理由见都没有见过，有些可能是投不起，有些则可能是他们不要我们的钱。这些情况都有。王兴当然见过，而且一直是要好的朋友。这种例子其实不止一个，（而且）不局限于移动互联网领域。我们也投了几个。

现在我们所投资的公司中有接近 20 个一亿美元规模的，其实它们每个都还是有潜力的。所以，我觉得公司的发展，有时候快一点，有时候慢一点。如果你去衡量我们投出了几个明星公司，可能现在还看不清楚。

如果是衡量有几个一亿美元的公司，我觉得我们做得很好。如果衡量我们有多少个估值5000万、3000万美元的公司，我们也做得非常好。现在看起来，我们这种分析型、深入型的公司，可能真的能够帮助他们稳扎稳打。他们不见得是爆发式成长，但会一个一个地长起来，失败率相当低。我觉得衡量有多少10亿美元公司，还来日方长。现在我们有接近20个一亿美元的公司，还有更多5000万、3000万美元的公司，每一个都有很好的成长性。所以我们对会出现更多的10亿美元的公司，还是抱有希望的。

我们一定会达到，而且也必须达到。因为我们整个商业模式不是说把每个投资都翻一倍，也不是说一个质量一般，另外一个翻30倍。我们肯定每一笔基金都要产生几个10亿美元的公司。

五

谈创业
全民创业，不同创业者的成功概率

Q：您也有讲到，今天连续创业者和大公司出来的创业者越来越多。是这些大公司出来的创业者和连续创业者成功的概率高，更值得投资呢，还是说现在确实是一个全民创业的年代，可能一个没有过创业经历的人，成功概率也非常大，也是值得投资的呢？

A：没有创过业的平均概率一定低，因为没有创业的人有太多太多。我觉得可能应该是连续创业者最高，大公司其次，然后没有经验的最低。但是没有经验的也有很多很棒的，像最近有很多90后创业者。突然有一个很棒的技术得到应用什么的，这种情况也是存在的。没有经验的创业者成功概率低，并不是说他们不优秀，而是他们基数太大。

所以大家追捧的可能还是连续创业者，他们的价钱当然会高。我们也希望投到很多好的连续创业者，但也很愿意投初次创业者，二者都投过。只是投第一次创业者的时候，如果我们花太多精力去分析就会很困难，因为这个基数太大了，很分散。

我们跟徐小平、蔡文胜合作过群英会，我们三家一起来，做一个比较大的海量筛选。我们每个人少占点份额，但能够覆盖多一点，也帮我们以后有个总体上的判断，这也是我们为什么走这条路的理由。你可以看看未来上市的顶尖的20家公司，有多少是首次创业的，这个比例一定还是有的。但是如果我们闭着眼睛找两个创业者，一个是连续性创业，一个是第一次创业，一定是前者的概率大，当然前者也比较贵。但是我两个都不想错过，前者我可能就是去挖掘、跟别人竞争。后者的话，可能就稍微覆盖面大一点，像群英会这种模式。

Q：为什么感觉只有中国和美国的创业比较疯狂？

A： 在美国，它是一种文化，改变世界、追逐我心，做自己喜欢做的事情。硅谷是把全世界的精英都拉到那里去，变成一个国际创业的天堂。它具有开放、分享的思维方式，值得称道的还有它的整个教育的模式。史蒂夫·乔布斯这种人，不但可以存活，甚至会得到一定程度的鼓励和支持。这样的环境，全世界只有一个。

至于中国，创业特别火主要有这几个理由。一是市场特别大，而且特别适合这一类的互联网式的创业。城市这么多人，要叫出租车、叫外卖、要配送东西。然后因为政府很强大，可以让每一个人能够上网，而且不是很贵。而且可能是因为固网做得不够好，大家都跑到移动互联网去了，这就形成了一个特别巨大的移动互联网市场。加上天时地利人和，很多东西该来的都来了，一个个水到渠成地就都出来了。当然还有一个很重要的因素，就是对成功的渴望，无论是改变世界、获取名利，还是打败别人，或者是做最好的自己。无论是哪一个理由，都有对成功的饥渴和追求，这个是非常中国式的。而且就出现在这一时段，50年前没有，50年后也未必会再有。

你可以说以色列也是一个，那可能是挑战权威的文化，而且又有很多全球的犹太精英，再加上它的国防科技什么的。我觉得每个创业文化的诞生地，可能都是这些偶然、必然的因素的结合。既然有这些因素，就好好用它，然后发展它。

Q：2014年，创业成为一个全民话题，这在您的意料之外吗？

A：具体是哪一年我不太确定，但我一直是很有信心的。因为我不断地看到，有越来越多的聪明人投入创业。

所谓全民创业，我的理解是，其实要做高科技，还是不能全民参与，它需要有技术、有经验，然后才能创办。创业者是少数的。

所谓全民创业，我的理解是，不仅仅是互联网领域中会出现更多的中小企业，服务业中也会出现很多，比如，开个咖啡馆，或者做一个配送公司，或者开个鲜花店。我觉得这是一个步入富强国家的必然之路。美国、日本、韩国或者其他国家，很多是这样的。我觉得这是必然的，而且也是一个很健康的事情。因为不能什么都靠大企业，它有速度的问题，有它的"创新者的窘境"的问题。

六

谈垄断

科技领域的15分钟现象，"基业长青"不复

Q：在互联网领域中，一方面是BAT这样的巨无霸型公司，是非常具有杀伤力和垄断力的公司；另一方面，又不断有小的互联网公司出现。这种状况矛盾吗？

A：不矛盾。但最终是会一代接一代地替换。其实在没有那么久以前，我们觉得中国最牛的公司还是联想、华为，是什么时候突然变成这几家了？为什么华为有那么多优秀的人才没做的事，而隔壁的腾讯就做了？其实就是各有各的企业文化跟优势，还有创新者的窘境问题。一旦做大了，你就不想失去你已有的市场，去做新的市场。你会觉得投资的回报不划算。这些都是人之常情，所以几乎是一个常规现象，小公司不断崛起，大公司不断地没落——也不能说没落，是进入一钟维持状态。IBM依然存在，但并不是最活跃的公司了，微软也是，大家现在讲的都是谷歌、脸书，以后还会源源不断出现新一代的公司。每一个科技潮流带来的新变革，都会让小公司有相当大的优势。因为它不存在

"创新者窘境",它的文化跟年龄会让它有更大的动力。

当然,你可以说今天 BAT 这么强大,它不断买买买行不行?同样,我也可以说,过去 IBM 也买,微软也买,现在谷歌、脸书也在买。如果我们拿安迪·沃霍尔说的"每个人都会有灿烂阳光下的 15 分钟"这句话作类比,我觉得你可以花钱把 15 分钟变成 20 分钟,甚至 25 分钟,但是变不了 5 个小时。就像季节轮转春夏秋冬一样,科技也会有潮流的变化。无论是移动、社交、IoT或者智能汽车,随着科技潮流的滚动,新的公司会起来,旧的公司的成长曲线会平缓下来,会给创新公司更多的机会。这就是我们的创新创业的理念体系,这是不可逆转的。你的金钱只能买到一些你在灿烂阳光下的时间的延迟,但是你跟科技的潮流去赛跑,没有一个公司是可以跑赢的。

Q:马云的观点是,垄断这个词语在互联网时代已经不存在了,或者说过时了。按照您刚才的说法,可以理解成您也是这么认为的吗?

A:垄断有相当大的经济效益。无论是微软、谷歌、阿里巴巴或者是腾讯的垄断,在垄断的初期是有很大的经济效益的。因为它成了一个平台,有自己的 eco-system。初期可能定位成几年,在这个时期它让大家能够用更小的资源获得更大的成长。这个阶段多家的竞争可能是无效的,但是垄断存在自己的问题。第一是垄断者的贪婪,它不但要做平台,还要做应用。不但要做这个,还要做那个,要靠垄断推进到别的领域去。这个时候我觉得就需要有一定的垄断法来制衡。

垄断本身没有罪。但是如果你因为垄断,让别的领域的人无法发展的话,这个时候会造成压抑创新的状况发生。美国制裁微软、谷歌等公司是有道理的。但是反垄断法有效吗?其实是无效的,因为政府的速度永远赶不上科技的速度。等到你去制裁它的时候,它在阳光下的 15 分钟可能已经闪耀完了,其实没有用。

反垄断法的惩罚性没有用,但是它的呵斥性是有用的。你知道有个法律在看着你,有一大堆人等着告你,告得整个公司的发展速度都被拖累了。当时比尔·盖茨在微软都快被气哭了。反垄断法最后没有反到他的垄断,但是它把领导者搞得最后做慈善去了。最后,大公司就开始说,好吧,我们不要再经历这种人间地狱,被政府盯到这种程度。微软、谷歌这些大公司也变得守规矩了。就像一把大斧头悬挂在那里,虽然可能制裁不到你,但还是有威慑作用的。

　　回到科技的话题,最终颠覆垄断的其实不是法律,也不是竞争对手。确实没有人能够进入 PC 领域把微软打败,也没人做搜索做得过谷歌。但是会有一个科技的颠覆性改革出现。谁能想到一个做搜索的公司,买了一个安卓的 OS,居然手机的数量比 PC 大这么多,成长得这么快,而且慢慢地手机上也可以有 PC 的功能,甚至未来的 PC 都可以基于安卓系统。我们还没有看到微软操作系统的末日,但它是在苟延残喘,因为它的领域变不大了。这就是一种科技变革颠覆大公司垄断的行为。谷歌被颠覆了吗?还没有。但是你可以看到脸书对它的威胁,互联网的很大一部分内容在脸书上,如果我不让你查我的内容,那你就不是一个完整的搜索引擎了。如果哪一天脸书做到了互联网内容的 30%,脸书可以完整地搜这个 30%;谷歌可以完美地搜那 70%,但是看不到脸书的 30%,最后谁赢?所以说科技发展才是垄断的真正颠覆者。长期来看,我觉得垄断是有一个春夏秋冬四季更替的过程,有繁荣也有衰落。

Q:创新的速度越来越快,之前很多中国公司的理想都是基业长青,还会存在基业长青这个说法吗?

　　A:不会。我觉得在高科技领域,一定只是在 15 分钟阳光下灿烂,不可能永远留下来。就算大公司还在成长,但是小公司一定成长得更快。哪怕你的垄断是成功的,仍然是慢慢地在推进的。人会被最好的机会吸引走,最厉害的人进入什么领域,那个领域就会发生变化。今天我觉得在创业领域吸引了一批顶尖的人才,他们的 IQ 我认为是最高的。这个变化发生时,大公司就会失血,所以不可能有什么基业长青。一个好的企业就应该待在它的 15 分钟阳光下,尽量地享受这一刻,做了不起的事情,然后 really love and enjoy the moment。过了这 15 分钟以后,花点钱坚持一下,钱不够了增发股票、银行贷款,再坚持一下,直到最后,通过资本运作也解决不了任何问题。你看 2014 年,腾讯、阿里、脸书、谷歌花了多少钱做这种努力,你可以延迟你的基业,但基业不能长青。

Q：那我们衡量伟大公司的标准也要变了。之前至少有一个标准是，可以通过管理或者企业文化来延续公司。

A：但管理的模式是可以不断去学习、成长的。你看《How Google Works》可以看得到 Google 的企业文化，阿里、腾讯也有它们很棒的企业文化、产品文化。这些文化的精髓是可以学习的，但是如果认为一个有着优秀公司文化的公司可以活 200 年，这在高科技领域是肯定不存在的。吉姆·柯林斯的观点在当时是对的，但是今天就不对了。我还是很尊敬他，但是我不再相信高科技行业的基业长青。

宋柯的音乐世界：丑陋与美好

李翔按

　　事实证明，宋柯并没有卖太长时间的烤鸭。这是他一次并不成功的副业尝试，他没有能够成为一名成功的餐饮商人。这也正应了那句话，并不是人缘好就可以开饭馆。每个行业都有它自己的规律。

　　他还是徘徊在音乐行业。先是和高晓松一起成立了恒大音乐，然后，他们俩又一起离开恒大，加入到阿里巴巴，主事阿里音乐。

　　这个行业也在发生变化。

　　因为包括阿里巴巴、腾讯和网易几个互联网巨头在音乐上的发力，音乐行业似乎开始出现了转机。腾讯音乐、网易云音乐和阿里巴巴旗下的虾米音乐也开始像视频网站一样打起了版权大战，在音乐版权上豪掷重金。

　　互联网曾经给这个行业一记几乎让其毙命的重击，现在，那些财大气粗的互联网公司又开始给它输送金钱血液。只是不知道，音乐行业的老炮们是否还玩得转这种新游戏。

> 想要自己开发、发展出一条路，就不应该具有跟别人一样的想法和行为。
>
> ——盛田昭夫（新力公司创办人）

宋柯绝对是中国流行音乐幕后制作教父级的人物，他为数十位歌手制作了品质精良的唱片。在线下唱片业逐渐趋于消亡之际，他却辞职当起了烤鸭店的老板。从宋柯的故事当中，我们或许可以看到本土音乐行业是如何一步一步走向衰败，并且毁掉一个"大亨"的梦想的。

一

"吃完烤鸭第一件事儿是，我应该付你钱，而且还现结；你做得好，人家还夸你。你看这是什么态度呀这是！"

"你尝尝这芹菜，这芹菜名叫马家沟芹菜。有点辣，但味道不错。这是一个地方特产的芹菜，比一般芹菜贵，还贵不少，当然口味也不一样。"宋柯坐在圆桌的另一头，嘴里叼根烟，面前的白色 iPone4 响个不停，一会儿短信一会儿电话的，还不忘招呼我们。

在朗悦府试营业的第二周，我们坐在这家位于 CBD 地带的餐厅的一间包厢内，和他一起试菜。菜一道一道端上来。宋柯抽着烟，以一副阔人的眼光看着我一个盘子吃一点，然后在嘴里还塞着食物的情况下嘟嘟囔囔地对他说一些赞许之词。相比于以资深吃货自诩的宋柯而言，我只是个普通食客，味蕾已经被辣椒、味精和地沟油破坏殆尽，吃到他费尽心机从郊区收罗来的各种北京菜，理应惊为天人。而他，则摆出一副见过世面的架势，不为所动。

直到他引以为傲的烤鸭上来之后，他才加入进来。卷烤鸭的春饼被细心地折一下垒放在小蒸屉里，宋柯提醒我们注意这一点，一般的餐厅都把春饼整个儿地堆在那儿，"你得撕半天，而且说实话也不卫生。"至于鸭子，"片鸭子的差别很大。这几天都是我们主厨片的，特精细，片起来慢死了。以后你吃到鸭子口味不太对，可能就是因为片的人不同"。

活鸭需要专门从北京南城一家店进货，"全北京只此一家"，全聚德、大董和鸭王等几大烤鸭店都从这家买，光鸭子成本就得六十多块。烤制时分俩炉子，一个炉子粗烤，一个炉子再细火烤，"把烟熏味儿都去掉"。

吃烤鸭另外还有一个重要的程序是吃鸭架，其重要性甚至不亚于吃鸭肉，"我们鸭架最好的做法不是熬汤，不是鸭架汤，也不是椒盐，而是白菜豆腐粉条炖鸭架"。这是郊区农家菜的做法，宋柯和他的厨师给改了下，农家菜通常炖猪肉或者炖鱼，在这儿改炖鸭架。宋柯把一农家老阿姨给请到CBD的厨房，前后来两次，教完厨师，"行了，一尝，香死了"。

做起这家餐厅前后仅用了三个月，而宋柯基本不是在忙原先公司的事儿，就是在洛杉矶陪老婆待产。但是没关系，"我没空忙餐厅，但我有空吃啊"。他各地儿"淘"菜。除了改良版白菜豆腐粉条炖鸭架，他从乡下淘的菜还包括烤牛肋骨、野猪肉和铁锅炖大公鸡。后者是从延庆那边山里淘来的，他吃着高兴，就让老板以后进货时多订一份原材料，自己去拉回来搬到自己的餐厅。他形容试菜时这菜的口味，用了一句自己的口头禅："大成功！"同样的口头禅他曾经用来描述过孙燕姿的第一张专辑，还有刀郎和李宇春。

这餐厅本来可以安安静静等待自己通过口碑传播在一群专门找地儿吃饭的北京人中红起来，但是宋柯自己的一个决定让它还没来得及征服客人的胃，就先满足了大众一颗八卦的心。这个决定就是：他宣布辞去有中国大陆最大音乐公司之称的太合麦田CEO。辞职之后干吗去了？八卦的群众有了答案：开烤鸭店呀！

宋柯自己也拿这件事情开玩笑，辞职之前，他对自己餐饮公司的合伙人和厨师长说："哥儿几个你们可得感谢我啊，为了咱们鸭店，我把多少年薪的工作都辞了！"众人哈哈一笑，都觉得这哥们是不是在逗大家玩儿。结果看到第二天互联网上铺天盖地的八卦消息，厨师长紧张得三天没睡好，"压力太大"。

厨师长是宋柯从另一家小范围内颇有美食知名度的果果烤鸭挖过来的。他十六岁开始在全聚德做鸭子，干了十六年——这正好是宋柯自己泡在音乐行业的时间，"自己有点小创新"，离开全聚德到果果。宋柯对此人赞不绝口："他要是搁在音乐行业，就是个类似于张亚东这样的人。亚东是一个音色能研究半年的这样一个人；我们的总厨一聊起菜，也是眉飞色舞，一个细节能琢磨很久。"

元旦假期之后，宋柯不再去太合麦田上班，几乎天天待在CBD自己的烤鸭店里。他还翻了两本写海底捞的书，吃了几次海底捞，得出的结论是，"这老板很懂人的心理"，"这个人的成功是以人为本，而不是以成本为本"。他马上活学活用。1月12号风险投资机构软银赛富把年会放在他的烤鸭店开，提出要喝自己带过去的红酒，四点钟的时候宋柯打了个电话过去说，我现在派个司机过去把酒取来，先给你醒着。"司机一到他们办公室，所有人都说，哇，这个餐厅厉害：第一，懂酒；第二，上心。"餐饮新兵有些得意。

电话又响。他对着电话讲了一通，放下电话对进来倒茶的总厨太太说："后天菲姐要来，菜注意点，亚鹏别管他，反正他们公司在附近，爱吃不爱吃都得把这儿当食堂。"

"烤鸭与涮羊肉，在北京永远立于不败之地。"他引用他的朋友资深乐评人戴方的话说。餐饮是他的爱好，是他内心中"时不时会冒出来折磨自己"的小恶魔；餐饮也是他所认为的商人的培训基地，"我身边好多大哥都是从餐饮起家的"，因为它既锻炼了你对成本的控制能力、对员工的管理能力，利润率又高，基本没有不超过50%的。"让我最欣慰的是，我认真做好一只鸭子，对消费者来说，吃完烤鸭第一件事儿是，我应该付你钱，而且还现结；你做得好，人家还夸你，说花这么点钱就能吃到这么好的烤鸭。你看这什么态度呀这是！"他以一副受害者突然得到尊重的口吻说道。

二

宋柯为自己演奏着辞任太合麦田 CEO 的退场音乐。其中最强的旋律是他的一句"唱片已死"。先抛出"唱片已死"的论调，紧接着再有辞职之举，迅速让人得出结论，"这个行业不行了"，无论他自己是否这样想。

在他 1996 年进入唱片业时，没人会这么认为。当时宋柯刚刚三十出头，在美国德州留过学，做过期货，也卖过珠宝，不算大富，但也有点小钱。他和清华校友高晓松一起成立了独立厂牌麦田音乐。"他是被高晓松拐骗到这个行业的。"乐评人戴方说。

进入这个行业的一个原因可能是宋柯自身的音乐情结。高中时宋柯就曾经得过学校吉他弹唱比赛冠军，清华读书时自己玩过乐队，还曾经为学校食堂周末舞会担任伴奏。他"歌唱生涯"的巅峰是，他赢得高校歌唱比赛的亚军。那年的冠军是个胖子，唱起歌来声情并茂，名叫刘欢。"他骨子里是个校园歌手，录过唱片，水木年华的卢庚戌还会唱他写的歌。"这么多年过去之后，连宋柯都口口声声称自己为商人，但认识他十多年的戴方还会坚持这么认为。

后来宋柯在回顾自己的 16 年音乐产业生涯时，坦率地说麦田在经营上很不成功。无论你信不信，他说其中有三个月麦田发不出工资，全靠他打麻将赢来的钱支撑运营。

"我觉得那会儿的行业环境不适合独立品牌。"宋柯说。独立品牌很难从艺人经纪上获取收入，它之所以被称为独立品牌，一个原因正是它签约的艺人大都偏向小众，因此，"只能靠那一点点可怜的版权收入"。

但如果以音乐水准来衡量，麦田和其他独立品牌相比，则称不上失败。麦田四年发行了四张唱片，张张都可以称为经典，包括高晓松的《青春无悔》、朴树的《我去 2000 年》，以及达达和叶蓓的唱片。红星则做过田震和郑钧。这些唱片大都大卖。一个佐证是，《我去 2000 年》麦田自己收集的盗版卡带就有 50 种。"卡带的生产成本我知道，必须量产，否则划不来，如果按照每种盗2万盘，就是100万张。"宋柯称。这张唱片正版的发行量也接近100万张（一说为80多万张）。

独立厂牌难以为继，盗版只是其中一个原因，宋柯称当时的盗版率大概在90%。另一个原因是唱片公司从唱片销售收入中的分成比例过低。如果以一盘卡带卖十块钱算，那么唱片公司和艺人从中只能拿到八毛到一块二。

在麦田难以为继时，宋柯接到了华纳抛来的橄榄枝。这是后来宋柯总被人称为命好的原因之一，每次走到关键时刻，总有新的机会冒出。华纳中国副总经理的职务让他成为内地音乐圈举足轻重的人物。有人认为他借助华纳而成为真正的音乐大佬，但曾经跟他一起工作过的一名员工则说，不要太夸大包括华纳在内的四大唱片公司，"它们在中国的公司几乎就相当于一个接待站，反倒是老宋去了之后做了些东西"。

无论如何，他们相互成就。宋柯自己总结说他从华纳至少学到了三点：第一，对黄金时代的唱片体系了解得非常透彻；第二，跨国公司对音乐版权的理解；第三，跨国公司的管理经验，尤其是在市场营销方面的大手笔。"很多市场营销的基本概念，我是从华纳学来的。"而他也为华纳中国制作本土音乐内容方面贡献良多，"不谦虚地说，还是打下了一定基础的"。这一时期至今仍被人提及的唱片包括老狼的《晴朗》和朴树的《生如夏花》。他还制作了周迅的《看海》，"让人们一下子意识到，哦，周迅也是可以唱歌的"，一位娱乐圈的圈内人士评价道。

《生如夏花》就是宋柯渴望的那种"大成功"。这张唱片首次发行就销售了50万张，前后加起来卖得超过了100万张，如果没有盗版影响，宋柯相信它可以销售到500万张。可是它并没有带给宋柯想要的巨大收益。"100万张我没赚多少钱啊！卡带加CD，一张我也就拿个一块多钱，也就是100多万，但这张唱片我的营销和制作成本都不止这100多万，最后还要拿演出收入和广告收入去补。"

形成巨大对比的是由华纳台湾公司2000年发行的孙燕姿的《孙燕姿》。这场唱片让宋柯震撼到瞠目结舌，首先是它的营销费用是制作费用的3倍，这在大陆几乎不可想象；其次是这张唱片制作费用加营销费用花了1000万，销售了80万张，为华纳台湾带来了4000万的收入，让刚刚成立的华纳台湾新团队一战成名。

理查德·布兰森自传中布兰森淘到第一桶金的故事让宋柯感到巨大的失望。这位传奇大亨凭借着制作发行了迈克·欧菲尔德的《管钟》而完成原始积累，让维珍唱片声名鹊起。宋柯愤愤不平的是，《管钟》在英国专辑销售排行榜上仅列23位，"连前十名都没进入！""我16年时间里，当年的大热唱片至少有一半是我的。"

"海外唱片公司，甭管你是主流的还是独立的，基本上每年如果有一张爆红的唱片，类似于《生如夏花》这种，你可以很好地吃五年。这意味着不但这五年花销你有了，你还可以奢侈点，比如培养更多新人，或者投入更多的营销费用。但不幸的是，在这儿你也就刚刚能赚点小钱。"抱怨之后，宋柯开了句有些苦涩的玩笑，"我们这种人，在国外都应该是大亨级人物"。

后来坐在自己的烤鸭店中反思的时候，宋柯将其原因总结为"两个40%"：一是因为唱片业的内容制作方从内容销售收入中所分得的比例远远低于40%，在卡带和CD时代基本是在8%～15%，这让唱片工业不能得到足够的收入来形成良性的自我循环；第二是中国大陆的唱片制作公司过于分散，没有一家公司或一个联合体能够达到占据40%市场份额的体量，这就一方面造成内容方在同渠道谈判时无力形成话语权，提高分成比例，另一方面则是整个行业无力形成对盗版的有效打击和对政府制定政策与法规反对盗版时的有效的说服能力。

三

"热卖唱片市场销售额都可以过千万，而国产电影一年没有几部过千万……为什么我们不投大钱在唱片上？"

2004年宋柯离开华纳中国成立太合麦田时，可谓是他明确表现出来的商业抱负最彰显的时刻。而他的离去在媒体上引发的轩然大波，似乎也在说明这个行业的前途无量。华纳中国的总经理许晓峰在写给媒体的公开信中说，"宋柯的'跳槽'无疑引起了极大的关注，在我的印象中，似乎家电行业中长虹的倪润峰和IT行业中新浪的王志东受到过类似的关注。"倪润峰曾被称作中国家电业的教父，在退休之前一直是中国商业世界举足轻重的人物；王志东则是中国互联网行业的开创性人物，他创立的新浪是在纳斯达克上市的标志性互联网公司。他们的退休和离职都曾引起中国商业媒体的极大关注。

许晓峰称宋柯经过了麦田时期的项目运作，华纳中国时期的品牌运作，现在开始进行资本运作。宋柯的投资方是以地产起家的太合。太合旗下太合传媒的副总裁于天宏对媒体说，太合认为音乐市场被严重低估："朴树的《生如夏花》首版发行量50万张，市场总销售额就是1000万元左右，唱片其实是个大市场。同时，目前新技术、新通信手段，比如手机与网络正在改变传统的唱片分销模式，新收入潜力无限。"

宋柯本人也雄心勃勃。他举例说日本最大的唱片公司年销售额有80亿元人民币，美国唱片公司更是巨头级，"为什么我们不投大钱在唱片？"

值得一提的是，当年的华谊兄弟全称还是"华谊兄弟太合影业公司"，太合同样是华谊的投资人之一。不过随后太合麦田和华谊兄弟太合影业的道路就迥然不同了。2004年年底，王中军引入了TOM作为战略投资方，同时赎回了太合手中45%的股权；2005年时又引入马云的雅虎中国和江南春的分众作为投资者，同时赎回TOM手中的华谊股份。2009年华谊登陆创业板，融资12亿，市值曾突破百亿，截至2012年2月8日，也仍然拥有超过85亿的市值。

既然知道唱片工业的价值分配比例有问题，宋柯为何又要雄心勃勃再做一家公司，甚至还希望借助这家公司成为大亨？2003年当宋柯还在华纳中国时，中国移动找到宋柯，希望能够得到华纳中国的音乐授权，以供"提供移动增值服务"使用。虽然华纳中国当时不允许给MP3格式与数字音乐授权，但宋柯用自己拥有的麦田时期的近50首歌做了试验。打动宋柯的有两点，一是中国移动对版权的重视，而且他认为中国移动作为从移动终端销售数字音乐的垄断型渠道商，有消灭盗版的能力；第二就是中国移动提出的分配比例为15∶85，即中移动从数字音乐下载的收入中收取15%，SP即无限增值业务运营商拿到85%收入，其中和内容提供方的分成为对半，内容商能拿到42.5%的收入，远高于从销售唱片中获取的10%左右的收入比例。

当然，重要的是你要手握版权。于是，宋柯一边大骂国际四大唱片公司的保守，一边用一笔三位数的钱收购了红星所持的歌的版权，其中就包括郑钧、许巍与田震的早期音乐版权。同时，他自己还上如 MP3.com 和 Napster 之类的美国音乐网站上听歌。后来，当宋柯大骂互联网忽悠了音乐行业，使用音乐不付费时，被很多互联网拥趸攻击为保守，讽刺的是，在当年和以后的一段时间内，宋柯本人一度在音乐行业被视为激进分子。

尽管在 2004 年 2 月太合麦田开发布会宣布自己成立时，整个公司加上宋柯才 6 个人，但凭借着宋柯的人脉和几个娱乐营销项目，公司经营得却不错。李宗盛当时是太麦的顾问，他把成龙的儿子房祖名介绍给宋柯，当年太麦制作了房祖名的唱片《边走边唱》。宋柯在唱片制作上小试牛刀即收获成功。这张唱片正版销售量超过 20 万张，另一种说法是这张唱片销售超过了 50 万张。

但真正的"大成功"却隐藏在新疆，甚至在一次接受记者采访谈房祖名时，宋柯人就在新疆。"2005 年年初时，老宋跟我说，有个叫刀郎的人特火。他说我已经见过这个人了，很顺利，我们要做刀郎的数字版权销售。当时刀郎可能还不知道数字版权是什么。"早年太麦的一名高管回忆说。"我找他谈的时候他还没后来这么红。"宋柯说。

宋柯到新疆跟刀郎的经纪人和发行商见面、聊天、喝酒，"最后一天时，我说咱也别喝了，聊点正事儿。我看你的发行商和经纪人也都挺好的，这钱人家应该挣。这样吧，你就给我另一块东西。"刀郎就问，什么东西？宋柯愣了下，想了想该如何称呼"另一块东西"。他极端鄙视四大唱片公司的"新媒体"部门，认为这个称呼不知所云，根本没分清楚互联网和无线互联网是媒体还是渠道。

他说："就新技术版权吧。"刀郎果然问："这是什么意思？"宋柯解释说："就是除了唱片以外的版权。"当时没人把除了唱片之外的版权当回事，刀郎自己还挺内疚："大哥你跑这么一趟，就聊这点事儿……"宋柯趁着酒劲说："刀郎，我能给你在新疆挣一套别墅。"其他人都觉得宋柯喝多了。

刀郎的三年数字版权授权为太麦带来了 2000 万的收入。而这个数字本来还应当更高。如果 SP 不隐瞒下载数字的话，宋柯估计自己可以分到一个亿的收入。

"刀郎这个事情还是给我们冲破了一些概念上的障碍。对于很多行业人士来说，他们一下子就觉得：啊，老宋真这么干了，而且据说还干得不错！"宋柯说。

"他尝到了数字音乐的甜头。老宋是国内力推数字音乐的第一人。"同宋柯保持着长期良好关系的音乐记者橘子说。2005年9月12日，太麦签约李宇春。宋柯在发布会上握着手机说："我的目标就是让人早上起床第一件事儿是，想用手机听什么歌就能听什么歌。"他非常积极地要去拥抱新技术：如果3G网络问题能够解决，将来人们都会用手机来下载音乐，"唱片这个载体肯定是要死掉的"。一切都在佐证宋柯的这一判断。李宇春发布第一首单曲《冬天快乐》时，当时太麦运行的线上音乐网站太乐网由于付费下载人数太多而在很长时间内登录不了。

资本也加入了这一狂欢。2006年年初，软银赛富投资太合麦田和太乐网。当时媒体报道的具体投资金额为900万美元，占股30%，太麦估值为2.5亿人民币。另一说为软银赛富会投资1000万美元。不过，做出此项投资的软银赛富合伙人羊东说，最终软银赛富只投资给太麦500万美元。"当时我们很看重数字音乐。我觉得彩铃的应用可以做得很大，而且也很难有盗版。"羊东说。他是宋柯的清华学弟，毕业之后先是在美林做投行，后来转做风险投资，知名的投资项目包括完美时空、凡客诚品、摩比天线和顺驰不动产，其中完美、摩比和顺驰都已经获得不错的投资回报率。

"2005年和2006年，那时候我们的报表真的很好看。投资商也找上门来，他觉得公司会迅速壮大。"前面提到的太麦早期高管说。那时宋柯和太麦的员工都显得意气风发。宋柯给高管开会，经常是从七点钟吃完晚饭开始，开到晚上十二点。到今天很多离开了太麦的年轻员工，都会怀念那段美好时光。

那也是太合麦田最前途无量、谈论上市最多的时期。

四

"我们是天真也好，是抱有美好希望也好，就是希望音乐能有更好的发展。"

"我们这个行业的最大问题是，我们都被互联网给忽悠了。"

"大概在 2006、2007 年前后，我们感觉到自己对 SP 的掌控能力越来越差。怎么确保能有大火歌曲，怎么确保收入的稳定性，这成为当时挺难的一件事儿。"前述太麦早期高管称。一方面是内容公司自身在寻找大热下载歌曲上出现了不确定性；而另一方面，SP 本身的问题也开始暴露出来。

这种问题的一方面是 SP 瞒报下载数字。比如之前提到的，宋柯认为太麦至少能从刀郎歌曲的无线下载中分成到 1 个亿的收入，而最终只拿到了 2000 万。这样，本来让宋柯颇为振奋内容方的 42.5% 的分成，被隐瞒下载数量拉低到了 10%，重新回到悲惨状态。

另一方面是 SP 借助用户下载音乐所形成的通道，向用户推送大量为监管者和大多数用户所反感的服务。"如果 SP 当时第一不要做商业欺诈，第二不要借助音乐服务推其他乱七八糟的东西，我认为那会儿产业已经足够健康。"宋柯说。他甚至曾经寄希望于 SP 运营商能够在彩铃的基础上，进一步"拓展更深入的音乐产品"。

羊东则在 2008 年晚些时候看出了问题。正像一句电影台词所说，他和宋柯"猜中了开头，但没猜到结局"，他们预见到了无线音乐下载和彩铃市场的大爆发，却没能保证自己从中获得大收益。"很多我们预计的事情都发生了，彩铃的确应用量很大。我们投资太麦时手机彩铃市场是 10 亿，现在彩铃市场接近 300 亿。但是，我们没想到的是我们还是收不着钱。"羊东说，"我们当时是天真也好，是抱有美好愿望也好，也都是希望这个事儿能有更好的发展。"

一直被宋柯认为是可以单独拿出来融资上市的太乐网，在太麦运行了一年多之后，也被放弃。"当时注册会员已经超过了 100 万，每天的活跃会员达到 5 万，蛮热闹的一个网上社区。很可惜。"宋柯说。太乐网提供线上音乐翻录、音乐分享和音乐社区服务。放弃的原因，一是宋柯认为做太乐网需要"大资金"；第二是因为他自称"良心上过不去"。"我发现我没法做这事儿，我马上就收到我的同行们发过来的律师函，说我用他们的歌侵权。虽然我当时向音注协是付了费用的，我可以打官司，但我内心就是有点抗拒。"

即便如此，中国移动对于宋柯而言，还是扮演着善的一面，它贡献着音乐版权收入中的绝大部分；而真正恶的一面是互联网，"开始给版权方钱了，但我个人认为，基本上这钱的意思就是封口费"。

这让宋柯的形象在外界看来有些矛盾。一方面，他是最早高呼"唱片已死、音乐永生"的唱片公司老板，他在内部开会时经常说唱片的形式已经落后于时代，相较于艺人一年出一张专辑，他更倾向于一个季度发一首或几首单曲。他最早动数字音乐的脑筋，在2011年时旗帜鲜明地宣布太麦将转型为版权管理和数字音乐开发公司。他的这些言论无一不受到唱片行业的反弹，被批判为过于激进。但另一方面，在"免费"成为时髦的时代，他又是音乐行业反对互联网免费，称其无异于盗版与偷窃的卫道士。

在他离开之后对媒体宣布的反思中，他认为音乐产业衰落的原因是没有两个40%：第一，内容方从内容销售收入分成中的收益如果达不到40%，那么内容制作方就难以得到足够的激励让这个行业足够健康，"去年，整个音乐产业跟版权有关的收入，无论是销售唱片、卡拉OK、还是数字方面运营商与互联网产生的收入，我认为是超过300亿，但是版权方拿到的只有区区不到5亿，不超过2%"；第二，在音乐行业内容方没有一家公司或联合体能占据40%的份额，而在数字音乐领域，下游的渠道商无论是中国移动、百度还是新浪，都是巨无霸公司，中国移动和百度甚至在行业内享有垄断地位，这让内容方在同渠道谈判时毫无讨价还价能力。

而在这两个40%之上的争论，就是关于"免费"的问题。Napster和MP3.com被美国五大唱片公司告上法庭，成为包括劳伦斯·莱斯格在内的互联网领域作家津津乐道的话题，并且在自己的著作中频繁引用。主流的观点是这是唱片业保守落后的标志，因为音乐的大范围传播将会促进音乐的新的创造。而在《连线》杂志主编克里斯·安德森2009年出版的《免费》中，这位互联网思想家还将中国的音乐产业视为"免费经济的现代化测试场"。克里斯·安德森引用网络歌手香香和音乐公司老板沈黎晖的事例与观点之后，写道："新生代中国音乐人正在接受这一现实而不是主动出击反盗版。盗版是零成本市场营销的一种方式……盗版是最佳市场推广商。"他还引用一位被访对象的话说："在中国你什么时候对音乐下载收费，什么时候就砍掉了99%的听众。对于中国的中产阶层而言，音乐是种奢侈品，属于不当支出。"

但是很遗憾，宋柯显然不属于克里斯·安德森所说的"新生代中国音乐人"。他会喜欢克里斯·安德森所提出的"长尾经济"，因为他认为音乐正是长尾市场，但他会坚决反对克里斯·安德森所提出的"免费经济"。

"或许音乐行业应该感谢互联网，因为互联网让音乐得到了海量传播就把我给惹毛了。"宋柯说。他坚持认为音乐从词曲和音乐家的创意转变成可以听的音频，这个过程有其庞大的制作费用，因而音乐就具备产品属性，使用音乐作品应当付费。"音乐工业有很多体系，演出体系、经纪体系、版权体系、唱片体系。我明确说一点，对这个产业而言，唱片体系可以没有，版权体系一定要有。"

"我们这个行业的最大问题就是，我们被互联网给忽悠了。"宋柯说。他认为，在两个方面，互联网让音乐产业失去了自身的判断。第一，音乐本身是不是产品，应不应该收费；第二，用户究竟愿不愿意付费给音乐产品。针对互联网传播就是营销一说，宋柯说："您还真别客气，如果我想要你营销，我可以付钱给你，买搜索排名都行，但你只要用音乐，就一定要付钱。"

"互联网是我们的上帝吗？不是。互联网就是当年那些唱片店，没有任何不同。如果我们没有免费把唱片给唱片店去卖，那意味着今天我们也不能免费给互联网。"宋柯说。

当他回忆起自己在 2004 年雄心勃勃地创立太合麦田的想法时，他说："我觉得互联网和手机应该能给我带来一个新景象。"但是毫无疑问，互联网和手机都让他失望了。当国产电影的票房目标已经从几千万上升到过亿，再上升到 5 亿、7 亿，2010 年有 17 部国产电影票房破亿，2011 年有 19 部，"亿元票房俱乐部"成为一个新名词时，2004 年拥有一个宏大梦想的太合麦田，其营收却仍然徘徊在 4000 万左右。

"哀其不幸，怒其不争"到极致时，宋柯会说："我觉得我们从精神上已经被人家（互联网和移动互联网运营商）控制了，基本上我们就是被人牵着鼻子走，一会儿赏根骨头，一会儿给个小玩具什么的。就是这么一个特惨的角色"，"唱片是一个最可怜、最没反抗能力的行业，非常悲催"。

五

宋柯选择辞去太麦董事总经理的职务，这也意味着太麦曾经的上市计划已经变得遥遥无期，软银赛富合伙人羊东承认了这一论断。2008年3月SK电讯宣布战略投资太麦，软银赛富还出让了一部分股份。

羊东对宋柯辞去行政职务表示理解："现在行业就是这样，他自己也不是特别提得起精神，这些都无可厚非。凭一人之力是没有办法改变行业的。这些都是结构性的问题。"而前述早期太麦的高管也说："他有任何的转变都是正常的。他做任何事情，也都会有自己的想法。谁也没义务扛大旗。"

"投资就是这样。有些投资比较失败，回过头来想当时的确不该投；但有些投资，现在想来想去回到那个时间点，还是要投。太麦就是后一种。"羊东说。他对宋柯褒扬有加："在娱乐界，宋柯这样的人很难找，他很聪明。有时候和演艺界的人谈东西，谈了半天对方也不知道是什么，或者承诺了不算数。宋柯不同，他理解事情很快，说话诚信方面非常不错。"他还将宋柯同完美时空的创始人池宇峰相比，称两人都对各自的产品音乐和游戏有很好的理解。不过，"池宇峰在公司管理上要好些，宋柯毕竟是身处演艺界，更感性一些"。

宋柯的自我评价则是："我觉得我作为一个商人，有几个比较务实的目标，一是让自己的员工在公司能学到东西，再加上可以过一个不错的生活；二是让股东们在投资上有回报。目前看来，大部分实现了。"他明确了太麦传统版权管理和数字音乐开发的方向，留下了一个稳定的管理团队和还算稳定的收入，然后宣称自己需要从一线退下来思考和休息，顺便经营自己的烤鸭店。

同时，他称自己想要为行业做一点事情。第一件事情是更多地投入到新一届唱片工业委员会中。他希望唱片工业委员会能够将音乐行业的内容制作者们团结起来，在面对版权的销售渠道方时，提高议价能力，争取到更多的收入分成。

然后，"有点钱之后，我还是建议我们行业本身也要做一些重大变革"。这个重大变革在他看来是一种继MP3之后的新的音乐产品。宋柯一直认为

MP3只是一个过渡阶段的音乐产品,而这个新产品将替代MP3,风行一时,拯救音乐产业,"它在音频上要比CD更加清晰,要更容易保存,而且要具备和音乐相匹配的气质,不像MP3那样只是一个音频文件。它可能是一个比唱片更有趣的新概念"。"如果真有一个非常的新产品,格式行业认同,消费者也认可,商业模式成熟,可能就会回到当年唱片的黄金时代。"宋柯说。

他甚至希望这种变革能从中国开始。他谈起和陈天桥见面时,陈天桥跟他讲起盛大如何利用免费改变了全球网络游戏的商业模式。这个商业模式改变了传统网络游戏利用戏点卡收费的模式,转而变成零成本进入游戏,但通过销售道具和器材来盈利。它让网络游戏的收入摆脱了早先的时间限制。"只需要一个天才式的主意。"宋柯嘟囔着。

至于烤鸭店,他也没闲着。他甚至兴高采烈地宣布,他发现自己早该开餐馆了:"像我这样人缘好的人适合开餐馆。特别亲的朋友之间是不能做生意的,但是大家可以一起吃饭呀!"试营业期间他几乎天天在自己的鸭店,遇上熟人还提供陪吃服务。没事儿的时候也喜欢钻进后厨,而且越来越手痒,虽然他也说除了当年追女孩时,他还没做过饭。他说:"我不玩票。"

熟悉他的人都会说,这事儿肯定还没完,老宋又不知道在琢磨什么。宋柯第一次否认了自己要"杀回去",第二次则承认说:"我个人的想法是,既然在这个行业干了这么多年,还是希望它有一天有个比较革命性的变化,而在这个过程中,我个人应该在里面,而不是黯然退出或置身事外。"

他说:"说得文艺点,这是个伟大的行业。"

他夸奖鸭子而斥责音乐产业悲催的言论可能已经让他受到了压力,或者令他觉得不妥。当摄影师希望能够在后厨拍摄他和令他自豪的烤鸭的照片时,宋柯拒绝了:"我不太想给人留下一个印象,老宋真绝望了,真烤鸭子去了。"

单元思考

李开复

"很多东西基本是重新思考了,比如最大化影响,然后拼命地去改变世界。其实我觉得改变世界是可以的,增加影响力也是可以的;但是如果把它当作一切,做什么都精细地去算怎么去最大化影响力,怎么去最多地改变世界,然后将这个作为你一切的动力,这样肯定是不对的。因为,我们凭什么狂妄地说我们能改变世界?世界上未知的东西那么多!我为什么得癌症,得癌症是因为什么?还是说,癌症是来提醒我,说现在是时候要慢慢改变了。是因还是果我们都不知道。既然有这么多不知道的,我们如何可以傲慢地觉得,我们可以去评估影响力,可以来改变世界呢?这个东西我现在基本上是重新去思考了。"

……

"我觉得物联网时代是肯定会来的,未来是可以想象的,其实这一切都不是很难的。理论不难推算,互联网怎么起来的,移动互联网就怎么起来;移动互联网怎么起来的,物联网就会怎么起来。但时间可能要算一算,什么时候够便宜、够普及。一旦起来了就会有很多你不能想象的东西。"移动+社交+实时+地理位置"就带来了今天的共享经济。未来的各个不同领域,比如说家庭智能化,可穿戴设备,或者汽车行业,每一个都会带来巨大改变。未来这种一波一波的浪潮跟巨大的震撼,会继续地出来。"

宋 柯

"一句'或许音乐行业应该感谢互联网，因为互联网让音乐得到了海量传播'，就把我给惹毛了。"宋柯说。他坚持认为音乐从词曲和音乐家的创意转变成可以听的音频，这个过程有其庞大的制作费用，因而音乐就具备产品属性，使用音乐作品应当付费。"音乐工业有很多体系，演出体系、经纪体系、版权体系、唱片体系。我明确说一点，对这个产业而言，唱片体系可以没有，版权体系一定要有。"

……

熟悉他的人都会说，这事儿肯定还没完，老宋又不知道在琢磨什么。宋柯第一次否认了自己要"杀回去"，第二次则承认说："我个人的想法是，既然在这个行业干了这么多年，还是希望它有一天有个比较革命性的变化，而在这个过程中，我个人应该在里面，而不是黯然退出或置身事外。"他说："说得文艺点，这是个伟大的行业。"